RITA TUNES

ENRICO PELOS

MEMORIE BEATLESIANE

E DINTORNI

Testi, redazione, revisione, materiale d'archivio, memorabilia:
Rita Tunes & Enrico Pelos

Fotografie, grafica, editing, impaginazione, publishing:
Enrico Pelos *(foto Pagg. 83, 86 e 90 Rita Tunes)*

Foto di copertina:
Liverpool, 1980. Mathew St., la strada del Cavern Club, il primo locale dove suonarono i Beatles il 9 Febbraio 1961 e nel quale si esibirono 292 volte.

Nei riquadri:
Pink Floyd, Black Sabbath, Kratfwerk, Crosby&Nash fotografati con macchina Olympus OM1, ottiche Zuiko, pellicole Kodak, Fuji e Agfa, tra il 1976 e il 1978.

Prodotto ed edito da uno degli autori

ISBN 978-88-909792-0-0 Enrico Pelos Editore

sito: http://www.enricopelos.com mail :enricopelos@alice.it

«The Beatles will exist without us.»
George Harrison

«If someone thinks that peace and love are just a cliché that must have been left behind in the 60s, that's a problem. Peace and love are eternal.»
John Lennon

«Mahatma Gandhi and Martin Luther King are great examples of fantastic nonviolents who died violently. I can never work that out. We're pacifists, but I'm not sure what it means when you're such a pacifist that you get shot. I can never understand that.»
John Lennon

DEDICA di Rita

Dedico questo libro al mio compagno di una vita, col quale ho condiviso le tante avventure, emozioni, episodi felici e tristi che la vita riserva a ciascuno di noi e che ha saputo condividere costantemente al mio fianco, sopportando con pazienza la mia passione beatlesmaniaca ed i miei spostamenti tra Italia ed Inghilterra, ampliando i miei orizzonti musicali e spronandomi sempre nelle mie nuove iniziative.

«Scrivere significa dare un senso alla proria vita, tentando di attribuirle una forma e un significato. Far scorrere la penna sulla carta, consegnare pensieri impalpabili a parole concrete, ci permette da una parte di delineare distintamente il nostro mondo e dall'altra di chiarire a noi stessi il posto che abbiamo all'interno di quel mondo»
Julia Baird (autrice di "Imagine this, io e mio fratello John Lennon")

Il traghetto da Calais verso l'Inghilterra...

Introduzione

Questo libro ha per filo conduttore la storia di una ragazzina adolescente negli anni '60, cresciuta negli anni '70, che, come molti suoi coetanei, venne influenzata dalla musica e dall'atmosfera dell'epoca. Qui di seguito leggerete come il modo di pensare, gli usi ed i costumi di allora abbiano contribuito allo sviluppo della sua personalità, influenzandola di continuo e spingendola a fare scelte diverse e, talvolta, originali ed inaspettate. Ammetto subito di essere una Beatlesmaniaca da quando, per un fortunato caso del destino, mi trovai ad assistere al concerto dei Beatles durante il loro tour europeo. Da quel momento la mia vita cambiò, rimanendo stabilmente e per molti anni ancorata a questo evento ed alle sue conseguenze sulla mia crescita personale. Ma come erano profondi e completi questi ragazzi! Non erano per niente i quattro capelloni che "sarebbero durati qualche stagione". Si, perchè così si diceva nell'Italia degli anni '60… Invece erano dei veri professionisti, che mi stregarono subito, appena li vidi e li sentii suonare, nell'estate del 1965… ma di loro parleremo in seguito…

A causa della Beatlesmania che mi aveva colpito, tutta la mia vita venne rivoluzionata. Fin da bambina ero stata attratta dall'inglese, affascinata da quella lingua, sognando di andare a visitare l'Inghilterra. Ma dopo aver visto e sentito i Beatles dal vivo, mi si aprì davanti una nuova prospettiva di vita. Fu per loro che imparai l'inglese alla perfezione, scegliendo all'università la facoltà di lingue, andando a soggiornare a Londra come studentessa di inglese prima, e a viverci e lavorarci dopo, in periodi diversi, come vi racconterò. Utilizzai poi questa lingua per la mia professione parecchi decenni. A causa loro, infine, imparai ad usare il computer e il web, utilissima opportunità che mi fece scoprire che non ero affatto l'unica ad amare ancora i Beatles ed altri gruppi musicali anni '60, '70 e '80 *(e che il co-autore scattò le anche foto, tutte originali dell'epoca, anche a concerti di gruppi musicali, ancora oggi famosi come i Pink Floyd, i Black Sabbath, i Rolling Stones, i Kraftwerk, Crosby&Nash)* dopo tanti anni, e che mi ha fatto trovare tanti amici con cui condividere la mia passione. Molti di questi mi hanno chiesto informazioni e notizie sull'epoca vissuta in prima persona e mi hanno quindi motivata a scrivere questo libro.

Ed ecco la mia storia... e ad un certo punto la nostra storia... perchè diventa anche del mio compagno. L'ho scritta per chi non c'era allora ed ama quel periodo e la sua musica; per chi c'era e non ha potuto viverla fino in fondo; per gli appassionati dell'epoca di ogni età, per gli italiani, soprattutto, visto che la mentalità ed il modo di vivere era da noi completamente diverso, in quell'epoca, da chi viveva nel Nord Europa, in Inghilterra od in America.

Questa non vuole essere una trattazione musicale e di costume, ma il racconto dei ricordi, le impressioni, i luoghi, i personaggi le emozioni, con note personali e/o storiche fino ad oggi, di chi, a quell'epoca, attraversava una bella stagione. Non per rimpiangere ma per aiutare a far capire meglio quegli anni che sono stati il nostro futuro. Che ci avrebbe influenzato per sempre. Questo libro è dedicato ai tutti i fan dei Beatles. Ma non solo.

Il "Diario di un'adolescente Beatlesmaniaca"
(foto del diario e scrittura degli autori, foto dei Beatles da una rivista antecedente al 1963 senza note di copyright e nel pubblico dominio)

CAP. 1 - PRIMI ANNI '50 IN ITALIA

Anni '50 *(foto archivio autrice)*

In Italia il panorama musicale era negli anni '50 completamente diverso da quello americano o inglese. Il punto di partenza era differente. Anche la mentalità.

Io andavo volentieri all'asilo e poi a scuola, col mio grembiulino bianco completo di collettino *(faceva tanto ordinato)* ed il cestino di paglia, poi tornata a casa, dopo aver fatto i compiti, mi scatenavo coi compagni nel cortile a Genova, giocando a cow-boys e indiani finchè non veniva l'ora della merenda, e qualche volta il sospirato momento della TV dei ragazzi. Dopo le 17 guardavo il Mago Zurlì, il Circolo dei Castori, Rin Tin Tin, con enorme entusiasmo. Le automobili erano poche e ci si poteva rincorrere anche per le strade cittadine senza pericoli. I bambini, in genere, ubbidivano agli adulti, gli anziani venivano rispettati, si poteva contare gli uni sugli altri.

In Italia si cercava di vivere un'atmosfera più serena. La guerra era ormai finita da non molti anni e la gente si accontentava di poco: cominciava a trovare lavoro, con tanta speranza, voglia di fare, di vivere e guardare con ottimismo al futuro. Questo è quello che ricordo di quegli anni. Ricordi di bambina: le macchine per le strade erano rare, lo smog ed il rumore non esistevano, l'aria era pulita, la primavera profumata.

A Genova, dove sono nata, si poteva andare in spiaggia a prendere i pesci direttamente dai pescatori, e per le strade si sentivano tutte le mattine le mogli dei pescatori che urlavano "Anciue belle" (Belle acciughe o alici) e pesavano il pescato con la bilancia a contrappeso *(l'uso è rimasto ancora oggi solo in alcune località)*. La gente canticchiava, fischiettava, quando lavorava. Dalle radio arrivava la tradizionale musica italiana, la canzone napoletana, i primi Festival di Sanremo. Ma...

L'esplosione del Rock - 1957/1964

...Ma intanto mentre in USA si creava la leggenda di Elvis Presley, the King of rock, e nasceva il movimento giovanile dei "teddy boys", nel nostro Bel Paese c'era una certa intolleranza verso queste nuove mode e verso i teddy boys nostrani, descritti come "coloro che portano i jeans, giocano a flipper (perdendo tempo!) e ascoltano il juke-box"... in effetti fu censura per Elvis a causa del ciuffo, della sua musica innovatrice, delle movenze imbarazzanti. "Elvis the Pelvis" non apparve in tv, non si sentì in radio, ma lo si ascoltava nei juke box: ricordo appena "Tutti frutti" e "Are you lonesome tonight?" e forse anche "Jailhouse rock". Anche i suoi tanti films non li ricordo proprio, non erano films per bambini e nessuno ci portava comunque a vederli al cinema.

Magari mi era sfuggito qualcosa... Le mie amiche, alle scuole elementari, me lo descrivevano come bellissimo e provocante ma non ricordo di aver visto le sue foto sui giornali.

In compenso, sulla scia dei cantanti americani, qui scoppiò la moda degli "urlatori". I benpensanti si scandalizzarono, osannando alla vecchia canzone melodica. Nel 1957 ebbe luogo il primo festival del Rock 'n' roll italiano, a Milano, per premiare i più grandi ballerini di questo nuovo genere, supportati

Anni '50 e '60

da cantanti ed orchestre che si esibivano alla manifestazione. Partecipò Adriano Celentano con i suoi "Rock boys", ed i giornali in breve ne parlarono come di un fenomeno; cantava imitando Elvis e fu soprannominato "Il molleggiato". Debuttò con varie covers americane. Ma anche Antonio in origine "Little Tony and his brothers" ed Enrico Ciacci emersero, come pure Giorgio Gaber ed Enzo Jannacci, Joe Sentieri, Ricky Gianco, *(che nel 1964 conobbe i Beatles a Londra)*. Tutti cantautori che poi percorsero, in maniere diverse, carriere di successo. Mina esordì come urlatrice col nome di Baby Gate, ricordo inoltre Betty Curtis e Jenny Luna.

Gli urlatori furono poi portati alla popolarità dai films "I ragazzi del Juke box" (1959) ed "Urlatori alla sbarra" (1964), dove appare un Celentano in gran forma che urlava "Impazzivo per tee..." all'ombra del Duomo. Ma ricordo anche le critiche, le espressioni disgustate, "Uh sembrano dei pazzi....." Altri tempi, vero?

A me però quella moda piaceva, ed in breve in casa mia, sul registratore Grundig a bobine, dove i miei genitori registravano opere liriche, io di nascosto registravo dalla radio questa nuova musica... un piccolo scandalo in una famiglia che invece era appassionata di musica di tutt'altro genere, lirica e sinfonica!

La mia scoperta del Rock 'n' roll: back to the '50s

Gli adulti raccontavano che nel dopoguerra era arrivato in Italia, con gli americani, il boogie-woogie, derivante dal blues ma caratterizzato dal ritmo più veloce e dal basso ostinato. Si ballava con le orchestrine e celebre fu "In the Mood" di Glen Miller. Non ricordo di averlo ascoltato alla radio, dove imperava la canzone melodica: Nilla Pizzi, Luciano Tajoli, Achille Togliani e Claudio Villa. Egli veniva definito il "Reuccio" della canzone italiana, e lo ricordo sui primi schermi televisivi in bianco e nero. Egli vantò presto, assieme a Domenico Modugno, il record di vittorie a Sanremo: nel '55 e nel '57. Modugno rimodernò lo stile della canzone napoletana e diede inizio al boom delle vendite discografiche: nel'58 il suo "Nel blu dipinto di blu" fu un vero trionfo e, tradotta in molte lingue, lo rese popolare in America e conosciuto in tutto mondo come “Mister Volare”.

Il mio radiogrammofono

Ma chi rivoluzionò veramente la canzone napoletana a metà degli anni ’50 fu senza dubbio Renato Carosone. Aggiunse jazz e swing, e fu un trionfo.

Ancora adesso si canta “Tu vuo’ fa’ l’americano”, ma io ricordo “Torero”, “Pigliate ‘na Pastiglia”, “Caravan Petrol”; i suoi “concertini-spettacolo” si diffusero presto sia alla radio che in televisione. Era divertente, io poi ero sensibile alla musica ed alle mode, imparavo subito le canzoni, melodie e parole, e le cantavo in mie versioni personali. Le so tutte a memoria ancora adesso!

Ma nel frattempo in America si affermavano Little Richard con “Tutti frutti” e “Good golly miss Molly”, Jerry Lee Lewis con “Whole lotta shakin’ going on” e... un giorno capitò a casa mia un disco a 78 giri diverso dai soliti: si ascoltavano nei radioni che facevano anche da mobiletto che si chiamavano radiogrammofoni. Il disco era “Rock around the clock” di Bill Haley and the Comets, e lo aveva comprato mio padre più che altro per curiosità. Lo ascoltai, mi misi subito a saltare e ad improvvisare passi di ballo. Il disco era del ’56 ed era la musica di apertura e finale del film “Blackboard Jungle” *(di Richard Brooks con Glenn Ford),* uscito in Italia con il titolo “Il seme della violenza”, che trattava il tema dell’insegnamento in una scuola di New York; fu il primo film nel quale venne usata la musica rock. Quel disco mi folgorò col suo ritmo.

Avevo trovato la mia dimensione musicale! Grazie al mio meraviglioso papà, che lo faceva suonare ogni volta che mi vedeva triste o demoralizzata e si divertiva a vedermi saltare e ballare.

Cap. 2 - L'esplosione del rock: primi anni '60

Cominciai così a registrare le canzoni sul registratore a bobina, e poi le riascoltavo. Gli americani che passavano in Rai a quei tempi erano: Gene Pitney, Paul Anka, Pat Boone, Neil Sedaka, tutti abbastanza melodici ed "innocui" per le nostre giovani menti. Celentano naturalmente spopolava, diffondendo anche il twist con "Peppermint twist" allora popolarissimo, così come Peppino di Capri fece la sua parte, con "Let's twist again", che divenne un po' il simbolo di quegli anni.

D'estate era bello ascoltare le orchestrine dal vivo, ma potevano ballare solo gli adulti allora, non i ragazzini. Scoprii in seguito che molti pezzi di artisti italiani erano covers di canzoni di lingua inglese, fatto che era a conoscenza solo chi di lavorava nel settore musiciale.

Molte volte vengo presa dallo sconforto se penso che in quegli stessi anni si cominciavano a formare i primi gruppi di artisti che si esibivano insieme come ad esempio i Quarrymen, che diverranno meglio conosciuti in seguito con il nome di Beatles.

Essi cominciarono a suonare, al Cavern a Liverpool, con i vari gruppi del Mersey beat mentre noi in Italia eravamo tagliati fuori da questi eventi eccezionali. Sì, c'era la musica italiana, ne ho parlato prima ed il panorama non è certo completo, ma a me sarebbe piaciuta invece quella musica! E qui si sentiva poco, molto poco per molte ragioni.

Anche Rita Pavone era popolarissima in quegli anni, iniziando la moda yè yè della ragazzina scatenata. In breve ebbi anche io il mio giradischi a valigetta e questi di Celentano e della Pavone furono i miei primi dischi a 45 giri. Costavano 750 lire e me ne potevo permettere pochi, poi ce li scambiavamo tra amici e magari li registravamo col microfono. Il risultato era orrendo ma li ascoltavamo ugualmente! Disordinata com'ero, le copertine non corrispondevano quasi mai ai dischi che contenevano. Alcune le persi definitivamente.

Non rividi mai più alcuni dischi dati in prestito... Ma...

Ero attenta alle mode, ho detto, e sulle riviste e sui giornali apparivano i primi capelloni di Oltremanica. Vidi i Beatles, vidi gli Shadows, me li confondevo facilmente anche perchè la loro musica continuava a non essere trasmetteva spesso da noi.

Rimasi comunque colpita specialmente dal loro look innovativo e dalle loro capigliature. Volevo scoprire come suonavano. Finchè un bel giorno...

La scoperta casuale dei Beatles

...Finchè un bel giorno d'estate del 1964, mentre mi divertivo a registrare dalla radio trasmissioni musicali col mio registratore a bobine, lasciai il microfono vicino alla radio per un po', e quando ritornai riascoltai le canzoni incise. Allora venivano annunciate metodicamente: autore, titolo, interprete. Dopo i vari Mina, Celentano, Pat Boone e Neil Sedaka, ecco irrompere, all'improvviso e senza alcun solito annuncio, le note trillanti e accattivanti di "Please please me". Non avevo la minima idea di che musica fosse. Non era rock come lo conoscevo all'epoca. Che musica era? E chi era riuscito a trasmettere quel pezzo in Rai?

Ascoltai e riascoltai, affascinata. Doveva essere uno di quei "complessi", come si diceva allora, che venivano dall'Inghilterra. Se si pensa che a quell'epoca i Beatles erano già famosi, avevano effettuato già molti tours, ed erano già apparsi al Royal Command Performance nel novembre 1963, il concerto per la famiglia reale dove John Lennon pronunciò con una certa dose di irriverenza, la sua famosa frase:

"Durante la prossima canzone, voi seduti nei posti più economici battete le mani, per gli altri è sufficiente far tintinnare i gioielli." ("For our last number, I'd like to ask your help. The people in the cheaper seats clap your hands. And the rest of you, just rattle your jewels."), vi renderete conto che eravamo in ritardo di diversi anni....

Se si considera poi che avevano già conquistato l' America con partecipazioni all'Ed Sullivan Show il 9 Febbraio 1964 *(nel quale cantarono: "All My Loving" "Till There Was You", "She Loves You", "I Saw Her Standing There", "I Want to Hold Your Hand')* e con il concerto al Washington Coliseum l'11 febbario 1964 e il 12 a New York, ed avevano già girato il primo film, a Hard Day's night *(il 2 marzo 1964 cominciano le riprese e il 6 luglio venne presentato in prima mondiale al London Pavillion),* come poteva succedere che io non ne sapessi praticamente nulla? Era veramente incredibile...

Cercai di scoprire di chi era quel pezzo, facendolo ascoltare a parenti ed amici. Però nessuno sapeva (ancora) chi fossero. Tutti dissero che era musica strana e poco piacevole, criticandomi per il mio apprezzamento. Ci misi un po' a capire chi erano. Inutile dire che ascoltai e riascoltai quel pezzo di nastro fino a consumarlo! Li seguivo sui giornali, apparivano inoltre per qualche minuto ai telegiornali dove li facevano solo vedere mentre scendevano dall'aereo con le folle di ragazzine urlanti. Un delirio.

Poi si sparse la voce che, finalmente, sarebbero venuti anche in Italia e dobbiamo ringraziare l'impresario Leo Wätcher *(e chi lo sponsorizzò)* per questo regalo. Le trattative furono piuttosto lunghe: vengono, non vengono... Ma finalmente, nel giugno del 1965, dopo l'esame di terza media superato con successo, riuscii a convincere i miei a lasciarmi andare al loro concerto.

Non ero ancora completamente beatlesmaniaca, all'epoca. Ma mancava poco...

"Beatlesmania" o "Beatlemania"

La "Beatlesmania" o "Beatlemania" fu, secondo psicologi e sociologi, il più grosso fenomeno di isterismo di massa del secolo scorso. Il termine è una parola composta derivata dalla passione, cioè la "mania" per il gruppo musicale dei Beatles. La parola fu coniata, sembra, da Andi Lothian, un promoter musicale scozzese che l'avrebbe usata per la prima volta in occasione di un concerto a Caird Hall durante il loro tour in Scozia il 7 ottobre 1963. Secondo altri fu usata la prima volta il 13 ottobre 1963 durante il programma Val Parnell's Sunday Night al London Palladium. Dopo i successi musicali dei Beatles i media inglesi si "accanirono" su di loro, ogni loro mossa o azione era poi utilizzata per informare ed influenzare i fans. Il loro arrivo negli States, e la loro apparizione televisiva fece esplodere la "mania" in tutta l'America, e raggiunse una altro picco al concerto tenuto allo Shea Stadium il 15 Agosto 1965. In Italia buona parte della critica e degli opinion leaders di allora sottostimò il fenomeno anche dopo il loro arrivo nel 1965, sentenziando che era un fenomeno passeggero e non avrebbe influenzato i giovani come nella loro madrepatria. Fu solo dopo l'uscita di Michelle, il 14 febbraio 1966, al quale, dato il grande successo di vendita, la RAI dedicò uno speciale, e i cantanti di casa nostra inziarono a capire l'importanza del fenomeno. Caterina Caselli, cantante famosa in quel periodo, fu tra le prime *(non a caso è ancora oggi una "talent scout" di successo)* e adottò il famoso taglio di capelli a "casco d'oro" in onore al taglio dei Beatles. Gli studiosi del fenomeno affermeranno, negli anni a venire, che la Beatlesmania è stato il risultato di un mix composto da tendenze, bisogni e aspettative che erano mature in quegli anni, e che essendo ben orchestrati anche da fortunate campagne pubblicitarie, resero eccezionalmente interessante un lungo periodo musicale e sociale.

CAP. 3 - CONCERTO DEI BEATLES - 26 GIUGNO 1965

Fu l'unico tour italiano dei Fab, che giunsero in Italia il 23 giugno 1965.

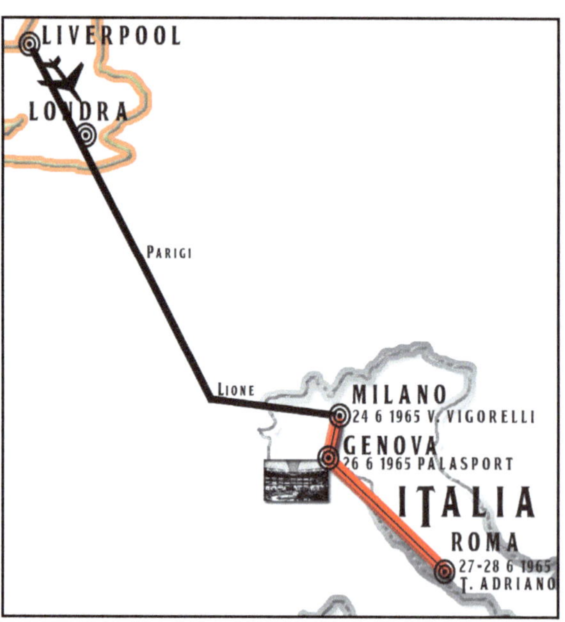

I concerti italiani facevano parte del tour europeo, che toccava le seguenti città:

20 giugno, Parigi
22 giugno, Lione
24 giugno, Milano, Velodromo Vigorelli
26 giugno PALASPORT, Fiera di Genova (**e io c'ero!**)
27 e 28 giugno Teatro Adriano, Roma
30 giugno, Nizza
2 luglio, Madrid
3 luglio, Barcellona

Il 25 giugno era uscita la recensione sul "Giorno", a firma di Natalia Aspesi, *famosa giornalista e scrittrice che ebbe il privilegio di viaggiare con loro in treno da Torino a Milano*, dei concerti del Vigorelli a Milano; cito alcune sue frasi che ben danno l'idea dell'atmosfera dell'epoca:

"Diecimila fans nel pomeriggio, ventimila e forse più la sera"

"Grattavano" le loro chitarre mentre i fans urlando hanno avuto ragione dei "potentissimi amplificatori con i quali gli inglesini rinforzano la loro arte. E insomma è stata una bella cosa corale, tutti a urlare fino a spaccarsi il cuore, senza un minuto di sosta. ... Il beatlomane italiano tipo, almeno da quel che se ne è potuto dedurre oggi, è di sesso maschile, di età tra i 12 e 17 anni, poco incline alla pulizia personale, spesso pallido e di debole costituzione, sempre ricoperto di capelli" ... chiamato allora a caschetto. "Alle due del pomeriggio, attorno al Vigorelli, c'era già tutto un ribollire di capelli, sudore, fischi, trombette ed agenti dell'ordine, poliziotti, carabinieri e vigili in dosi massicce, pronti a tutto... dopo i New Dada finalmente loro..... sorridenti, leggeri, aggraziati, dentro i loro serissimi completi neri, il boato ha immediatamente provocato il mal di testa a tutti i presenti ultraventenni. Roba da schiantarsi il cervello o almeno i timpani.... il pazzo rito è durato 40 minuti..."

La Aspesi aggiunge ancora: "Loro i Beatles, a muoversi e a cantare con garbo, bravura, dolcezza, umorismo di alta classe (i Beatles infatti non urlano, non cadono in deliquio, non si buttano per terra, non fanno smorfie, come tutti i loro cattivi imitatori). La nostra brava gioventù invece, sotto gli occhi disgustati e stupiti delle forze dell'ordine, ne ha fatte di tutti i colori. L'enorme urlo non è mai cessato, i battimani ritmati, i salti, gli scuotimenti insensati, sono stati il grosso spettacolo..."

Il 25 giugno giunsero poi a Genova dopo le 19. Avevano viaggiato su due macchine impiegando da Milano a Genova circa due ore. Alcuni fans li aspettavano all'uscita dell'autostrada e molti altri erano già di fronte al hotel Colombia dove avevano preso alloggio"....

Come trascorsero la serata del 25 giugno 1965?

Andarono a spasso per Genova.... Lasciarono che quelle due o tre decine di fans in sosta permanente davanti all'albergo si decidessero ad andarsene, poi verso le due uscirono per la città; la girarono in lungo ed in largo; si fecero condurre nella zona alta per godere dello spettacolo notturno di Genova e del porto illuminati, fecero una capatina nella zona dell'angiporto. Ma ve li immaginate? Tranquilli, senza nessuno che li inseguisse...qui erano pressocchè sconosciuti...li avranno notati, quattro ragazzi inglesi aggirarsi per il porto?

Era una serata caldissima, ricordo; uno di essi si fece addirittura portare fin oltre Nervi, dove raggiunse una spiaggia, si spogliò e si gettò in acqua. Era George Harrison.

La storia di questo celebre bagno andrebbe investigata, ci ho provato, ma con scarsi risultati. Dopo la sua morte, nel 2001, alcuni fans liguri si radunarono in quella spiaggia; ma le fonti sono discordanti e non sono riuscita a scoprire se si trattasse di Bogliasco *(Corriere della Sera, 27 giugno 1965)* o di Sori *(Secolo XIX del 5 Giugno 2005)*.

Si presentarono in ritardo alla breve conferenza stampa, la mattina dopo, seduti su quattro tronetti e spiegarono, tra le altre cose, perchè proprio loro avessero scelto Genova: in Inghilterra questa città gode di una certa notorietà per via del porto ed è affine, se vogliamo, a Liverpool... Nel pomeriggio del 26 il primo concerto con circa 3500 persone *(costo del biglietto da 750 a 3.000 lire)*; la sera il secondo, con oltre 15mila spettatori, come riportato da La Stampa del 27/6/65!

Riporta invece il Secolo XIX, quotidiano di Genova: “Bravi i Beatles al Palasport. Nel pomeriggio del 26 il primo concerto con circa 6mila persone; la sera il secondo, con oltre 10mila persone.. ma la folla non è impazzita....il pubblico genovese ha accolto con fervore la doppia esibizione del complesso senza tuttavia dar luogo a quelle frenesie a cui sono abituati. Buon successo anche per Peppino di Capri”.

Ma ecco la mia testimonianza...

Era il 26 giugno 1965... una serata calda e profumata d’estate. Il Palasport, costruito da pochi anni nel nuovo quartiere fieristico, aveva il grande piazzale sul mare pieno di fans urlanti. C’era già stato un concerto nel pomeriggio ed era pieno di polizia. Entrammo spingendoci e l’atmosfera

era indescrivibile, piena di eccitazione, aspettativa, incredulità... Aprì il concerto Peppino di Capri con i suoi Rockets, i cantanti italiani Pino Donaggio e Fausto Leali *(che fu il primo in Italia a fare una loro cover di "Please Please Me" e "She Loves You")*, ma l'attesa non finiva mai perchè tutti "volevamo" i Fab Four!

Finalmente piazzano sul palco gli amplificatori e la caratteristica batteria con la scritta THE BEATLES con la T allungata! Infine i due presentatori, Lucio Flauto e Rossella Como, in modo formale annunciano: "Signore e signori, ecco a voi i Beatles" ed essi arrivano correndo: un boato. Un delirio totale.

Attaccano subito Twist and shout. L'acustica non era delle migliori, le urla sovrastavano la musica... ma avete presente gli amplificatori dell'epoca? Paul aveva imparato qualche parola di italiano: "Grazietontokkei, Ciao, la prossima cancione intitolata".... ....era molto carino, rideva e flirtava col pubblico. John serio, sempre col berrettino in testa ed ancora senza occhialini, si guardava intorno col suo sguardo miope.... era forse un po' stufo di quei fans urlanti... George era serio e impegnato, sorrideva spesso, Ringo scatenato ed allegro come al solito... Ricordo bene il suo caschetto, lucido e pettinato alla perfezione, scuotersi di continuo e devo dire che anche gli altri agitavano la testa e le "zazzere", mandando in visibilio le fans.

C'erano molti cartelli, inneggianti soprattutto a Ringo!

La scaletta del concerto fu:

- Twist and Shout
- She's A Woman
- I'm A Loser
- Can't Buy Me Love
- Baby's In Black
- I Wanna Be Your Man
- A Hard Day's Night
- Everybody's Trying To Be My Baby
- Rock And Roll Music
- I Feel Fine
- Ticket To Ride
- Long Tall Sally

Le ragazzine urlavano forte, anche se non esageratamente tutto sommato, e le canzoni le

Una delle prime "compilation" con i testi delle canzoni dei Beatles che consisteva nella raccolta di testi stampati con le prime stampanti ad aghi utilizzate con i personal computers. *(Nome del disegnatore e dell'editore non citato perchè non riportato)*

distinguevo, eccome. Nel corso dello spettacolo pomeridiano cinque persone erano svenute ed alcune ragazze avevano tentato di spogliarsi. Finito il concerto, durato appena 35 minuti, dopo un educatissimo inchino, i 4 lasciarono Genova, verso l'una del mattino, con tutta la troupe che li accompagnava, diretti a Roma su un bireattore dell'Alitalia appositamente noleggiato, che li depositò a Fiumicino un'ora dopo, in modo da evitare scene dei fans al loro arrivo.

A Roma due giorni di spettacolo, quattro concerti e poi via a Nizza, Madrid, Barcellona, e ad agosto negli States per il tour che si concluse allo Shea Stadium. Concerto storico, questo sì ripreso per bene. Rivedendolo, devo dire che le fans americane si agitarono molto, molto più di noi!

Ma anche i Fab erano più rilassati e sciolti. Qui da noi forse non si trovavano perfettamente a loro agio!

In quegli anni così si diffondeva la "British invasion" degli inglesi verso i paesi anglofoni fino ad allora influenzati dalla musica che veniva dagli States.

Beh, questo fu anche l'inizio della mia Beatlesmania... che dura tuttora.

Cap. 4 - Anni '60... Beatles e dintorni

Cosa provò una ragazzina tredicenne nel vedere i Beatles dal vivo? Non si può spiegare, e nessuno può comprenderlo se non lo ha vissuto. Pur non capendo allora quasi nulla di quello che dicevano, la loro musica, il loro aspetto, la loro simpatia e le loro "zazzere" mi avevano stregato. La musica era entusiasmante. Erano affascinanti, magnetici. Uscii dal concerto frastornata, sconvolta, con le gambe tremanti, con le pulsazioni accelerate... I was "Dazed and confused"! Da quel concerto tornai cambiata... invece di urlare, ero stata silenziosa ed incapace di reagire. Avevo ascoltato la musica che si riusciva a sentire e mi lasciavo pervadere da quella meravigliosa sensazione... una specie di shock, di rivelazione, la consapevolezza che fosse qualcosa di importante. Eccitata dal look dei quattro, e stregata dalla loro musica. E' difficile spiegare in questi anni di cosa si trattava allora: una tappa di emancipazione, una frizzante sensazione di cambiamento, qualche brivido e la speranza di migliorare la nostra posizione di adolescenti? Gli adolescenti o teenagers allora non erano per niente considerati. Non avevamo un modo di vestire, una nostra musica, un nostro mondo. Si passava direttamente allo stato di adulti, matrimonio e figli, doveri e responsabilità. Eravamo stati educati così e l'obbligo dello studio, del lavoro e dell'impegno ci erano stati profondamente inculcati fin da piccoli. Toccò alla mia generazione ed a quelle immediatamente precedenti cambiare lo stato delle cose. Non fu per niente facile, anzi. Dopo l'uscita dei CD rimasterizzati dei Beatles il 9/9/2009 ed il conseguente picco di vendite, siamo stati di nuovo circondati da libri, gadgets, foto su di loro, come è previsto anche per quest'anno 2014, anniversario del loro primo concerto negli States e nel 2015 il 50enario del tour in Italia *(di cui ho appena scritto)*. Grazie ad internet poi la loro musica si è diffusa anche tra i più giovani e sono numerosi i siti, i forum e i gruppi che ne parlano. Ma un conto è scoprirli in questi ultimi decenni, ed ora in versione meravigliosamente remasterizzata, un conto averli seguiti negli anni '60.

Ricostruire quegli anni è complesso, ma ci posso provare. Qui in Italia, però: fortunati i miei coetanei inglesi e americani! Il giorno dopo il concerto feci il giro dei negozi di dischi, ma nessuno aveva sentito parlare dei Beatles; ebbi perfino il coraggio di entrare da "Ricordi", negozio di dischi di antica e severa tradizione, chiedendo dei Beatles. Non li conoscevano. Andai così al vicino reparto dischi della Rinascente che pensavo sarebbe stato più fornito. Comprai quindi il mio primo LP: "I Favolosi Beatles", corrispondente all'inglese "With the Beatles", forse l'unico ad essere stampato con copertina italiana, uscito però due anni prima. L'album è oggi ricercato dai collezionisti ed è ben quotato. Acquistai anche diversi 45 giri. Da quel momento, completamente folle per i "Fab Four", risparmiai fino all'ultima lira per potermi permettere altri dischi. Mi feci amica la commessa di quel reparto dischi che, ad ogni nuova "release", me la faceva sentire e poi io sceglievo, tra i tanti, solo alcuni dischi. Dovetti rinunciare a diversi LP perchè i soldi non mi bastavano. Non potevo chiederli in famiglia: non mi capivano e mi prendevano in giro, pensando ad una mania che poi crescendo mi sarebbe passata! Col prezioso sacchetto tornavo a casa trepidante, ma non sempre potevo godermi l'ascolto, senza cuffiette o auricolari al di là da venire.. Mi chiudevo in camera e dovevo togliere il giradischi dalla custodia, attaccarlo alla presa etc… non sempre mi riusciva di farlo in santa pace come l'evento richiedeva e godermi la celestiale musica. Questo per i 45 giri. Problema più grosso per i 33 giri, o "padelloni" come li chiamavamo, difficili da nascondere anche per strada, più cari, meno maneggevoli e di lungo ascolto, da cui il nome "long playing"! Come la seconda metà degli anni '50 fu diversa dalla prima per l'esplosione del rock e dei teddy boys, così anche nella seconda parte degli anni '60 fui testimone e protagonista, nel mio piccolo, di una svolta decisiva nel costume italiano. Sui giornali e sulle riviste "normali" apparivano finalmente articoli e foto sui Beatles e su questo fenomeno "d'Oltremanica". Ritagliavo ed incollavo tutto su un album di cui ero molto gelosa. Ascoltando le loro canzoni, cercavo di trascrivere i testi in inglese, che mi parevano difficili: allora quasi nessuno conosceva questa lingua. Certe frasi non riuscivo proprio a capirle. A scuola diventai bravissima in inglese. Inutile dire che a quei tempi non si poteva certo chiedere ad un insegnante la traduzione dei versi di una canzone! Dei Beatles, poi! Fu allora che giurai a me stessa che avrei imparato quella lingua alla perfezione! Mi vennero in aiuto le prime pubblicazioni per ragazzi: prima "Ciao Amici," che uscì con diversi articoli sulla musica inglese parlandone in modo più alla nostra portata: pubblicava anche i testi delle canzoni, allegò addirittura un volumetto sui Beatles, che conservo tutt'ora, dove veniva raccontata la loro storia, anche se abbellita da particolari fantasiosi: come il fatto che Paul aveva frequentato il liceo classico... e che erano ragazzi dal comportamento serio... venivano allegati anche i primi manifesti e i posters! Inutile dire che fu subito guerra a casa mia: quei posters sul muro con la faccia dei Fab "non si addicevano" alla camera di una ragazzina! Furono duri litigi ma alla fine ottenni di poter tenere un poster dietro la porta, e all'interno dell'armadio. I miei erano preoccupati. Anche alle mie amiche i Fab non piacevano ed

"Per voi giovani"

Essa fu una trasmissione radiofonica di musica rock e pop trasmessa dalla Rai dal 1966 al 1976.

In questo programma si poteva ascoltare la musica internazionale ed italiana meno commerciale, assieme comunque ai successi del momento.

Durante la conduzione di Arbore, *che la ideò insieme, tra gli altri, a Maurizio Costanzo,* ebbe spazio la musica americana, sia il R&B allora imperante, sia alcuni gruppi allora quasi sconosciuti da noi, come i Doors di Jim Morrison.

Venne condotta, per alcune trasmissioni, anche da Caterina Caselli e Patty Pravo e in successive conduzioni da Paolo Giaccio e Mario Luzzatto-Fegiz. In seguito fu soprattutto con Carlo Massarini che ebbe maggiore spazio la musica inglese ed il genere progressive, con in evidenza i Pink Floyd, i Genesis, i Gentle Giant, gli Yes, ma senza trascurare gli italiani, soprattutto Le Orme e il Banco del Mutuo Soccorso *(Massarini sarà molto seguito anche negli anni '80 con "Mister Fantasy").*

Nei primi anni '70 ci furono altri noti conduttori come Claudio Rocchi, che aveva un suo spazio dedicato, e il critico Riccardo Bertoncelli.

ascoltavano prevalentemente musica italiana.

Devo dire che nel '65 soltanto una minoranza di ragazzi seguiva i Beatles in Italia. Riuscii a convincere una mia amica ad ascoltarli, ma non divenne mai "maniaca". "Ciao Amici" divenne "Ciao Big" e lo compravo regolarmente; anche qui venivano allegati posters di tutte le dimensioni. Nel '66 usciva "Giovani" che allegava anche spille e ciondoli. La RAI cominciò a trasmettere il programma "Bandiera Gialla", condotto da Gianni Boncompagni e Renzo Arbore *(dal '65 al '70)*, che diventò famoso, presentando le novità musicali del momento. In quegli anni, a Roma aprì il Piper che fu inaugurato dall'Equipe '84 e dai Rokes. Vi suonarono diversi gruppi beat, tra cui i New Trolls, Le Orme, i Corvi... ma i ragazzi che andavano al Piper avevano diversi anni più di me oppure erano più liberi di muoversi. Ne sentivo solo parlare. Era impensabile chiedere ai miei di poterci andare! Un sogno irrealizzabile quello! Ho poi saputo che in seguito vi suonarono pure dei giovanissimi Pink Floyd e Jimi Hendrix! Insomma, per farla breve, fui colpita all'improvviso da Beatlemania gravissima. Pochi mi capivano, i medici scuotevano la testa: roba da adolescenti, passerà... ma intanto atteggiamento, abbigliamento e comportamento cambiavano, lasciai le compagne che ascoltavano i cantanti italiani, mi isolai incompresa coi miei 45 giri dei Beatles infilati nei libri più grossi, se no spuntava sempre un pezzo di copertina! Vivevo solo per le ore passate ad ascoltarli! e le ore davanti alla TV nella speranza li trasmettessero? Inutilmente! La RAI non li passava... lo sconforto si impossessava sempre più della povera adolescente che peraltro continuava a studiare ma... decise che un giorno, imparato l'inglese a perfezione, sarebbe approdata all'isola di Albione! Per rimanervi forse... per sempre. In cosa consisteva in pratica la Beatlesmania per una ragazzina a metà degli anni '60? I sintomi erano i seguenti: bisogno inesauribile di venire in possesso di tutto il materiale reperibile sui "Fab Four": dischi appena usciti a 45 giri, poi gli LP, ed i soldi non bastavano mai; allerta a parenti ed amici per la raccolta delle foto dalle copie di riviste e quotidiani che ne parlavano per ritagliarli ed incollarli sul diario. C'era inoltre la raccolta di posters per tappezzare le pareti della cameretta con lotte furibonde coi familiari per potercele lasciare; poter ascoltare e capire i testi delle canzoni col vocabolario in mano; conoscere ragazzi coi capelli lunghi (rari prima del 1966 in Italia;) ai quali piacesse la stessa musica; poter indossare la minigonna e quella moda originale che veniva dall'Oltremanica. Furono pianti ed urla alle rare apparizioni dei quattro al telegiornale, mentre il commentatore descriveva i loro tours e mostrava due minuti di concerto; disperazione nel constatare che non li facevano quasi mai vedere in TV con servizi a loro dedicati.

Ma... poi uscì il primo film. "Tutti per uno, uno per tutti" (A hard day's night) e fu delirio: pomeriggi interi al cinema stipato di ragazzine deliranti, che guardavano il film più volte di seguito... le urla aumentavano ai primi piani dei quattro, specie di Paul; non si può descrivere una simile mania. Alcune mamme paragonavano questa passione a quella dei loro tempi per il bell'attore Rodolfo Valentino. Fu quella la prima volta nella storia in cui i giovani emergevano come gruppo a sè stante, con le loro esigenze, musica e moda. Lo scontro con gli adulti era inevitabile. Non erano così tutti i giovani, ma in quasi tutte le famiglie c'era lotta ed il clima non era sereno. Bisognava penetrare quella mentalità del dopoguerra "lavora studia, prima il dovere e poi, caso mai, il piacere". I Beatles arrivarono nel momento giusto, dando la spinta e l'entusiasmo per ottenere la giusta e desiderata libertà. Basta sentire i testi delle canzoni ad es. dei Rokes o dei Nomadi dei quali avrete modo di leggere anche nelle prossime pagine. Se i ragazzi venivano spediti dal barbiere per l'allora poco amato taglio "a spazzola", le ragazze faticavano a liberarsi dei calzettoni e delle gonne a pieghe. A un certo punto apparve sul mercato una gonna strategica lunga al ginocchio ma con cerniera interna nascosta: la ragazza usciva, poi nell'ascensore o dalle amiche si staccava 10 cm di gonna con la cerniera et...voilà... ecco la minigonna, da rimettere a posto naturalmente una volta rientrate a casa!

Le mamme non capivano il fascino del capellone: allora andavano di moda bellezze maschili del calibro di attori come Marlon Brando e Kirk Douglas, considerati, loro, "uomini veri, e non come quei "magrolini" coi capelli lunghi e poco curati.

CAP. 5 - EVOLUZIONE DELLA BEATLESMANIA

Intanto la BEATLESMANIA da acuta diventava cronica, ma sempre irreversibile. Quando uscì il film Help *(Aiuto!)* stesse scene isteriche nella sale cinematografiche: con un biglietto vi si rimaneva tutto il pomeriggio.

L'inverno del '65 si ascoltavano gli LP "Help" e "Rubber soul"; essendo più cari, questi dischi si compravano a turno e ce li prestavamo a catena. Avevo finalmente un gruppo di amici che acoltavano i Beatles! L'altra musica emergente, beat italiano, gruppi inglesi ed americani, li ascoltavo alla radio e nei bar dove ormai imperversavano i juke box. I miei pochi soldi li spendevo per loro. Io crescevo e i Beatles crescevano con me, ma già alla svolta di "Rubber soul" sentivo il cambiamento di stile.

Il suono del sitar, gli stili lennoniani/maccartiani/harrisoniani si mescolavano piacevolmente, ma ognuno di loro emergeva con la sua personalità. Anche il loro aspetto cambiava. Diventarono velocemente uomini dalla personalità spiccata e non riconoscevo più gli allegri ragazzetti del concerto live. Questo, devo confessarlo e scandalizzerà molti, un po' mi intristiva, ma degli spettatori ai concerti italiani dei Fab Four, più della metà secondo me erano lì per curiosità o per moda; solo una minoranza li seguirono poi fino alla separazione del '70... o fino ad oggi!

La nostra Beatlesmaniaca si stabilizzò con la sua "malattia incurabile" e nel 1966 vide finalmente il mondo intorno a lei che... molto lentamente... cambiava. Parliamo dell''Italia ovviamente perchè Oltremanica ed in USA era tutto diverso. Ed ecco che, finalmente, nel '66 la "radio di stato" ci regalò la trasmissione "Per Voi Giovani", che cominciava a rispecchiare l'atmosfera musicale in USA e UK ed anche quello che emergeva di interessante dal panorama musicale italiano. Come suonavano questi gruppi alle orecchie dei ragazzi dell'epoca?

Ricordo, in particolar modo, il periodo che ebbe come sigla "Moby Dick" dei Led Zeppelin, e questa musica sembrava del tutto innovativa e stimolante. Un cambiamento profondo nella vita dei teenagers italiani era come sollecitato da questa musica: più libertà personale, la possibilità di frequentare i primi veri ritrovi per ragazzi che non fossero il solito bar con juke-box: allora non si chiamavano ancora discoteche, ma "locali", diversi ed innovativi rispetto al "night club" frequentato dai giovani adulti di allora che potevano permetterselo! Non erano proprio come il Piper di Roma e non offrivano sempre musica dal vivo, ma molti finalmente facevano ballare al ritmo di musica veramente "giovane", come si diceva allora! Carlo Massarini era il conduttore più interessato alla nuova musica inglese, orientando alla radio le scalette musicali verso i propri gusti. A causa della velocità con cui venivano consumati i miti, e data l'enorme varietà di musica eccezionale che arrivava da USA e UK, poche e secondarie erano le presenze degli album storici di Beatles. Solo in seguito entrò in classifica un LP, "Sgt. Pepper", e neanche tra i primi 10, ed era assente persino un capolavoro come Abbey Road. C'erano due album anche dei Rolling Stones: "Aftermath" e "Let It Bleed".

Visto che i Beatles continuavano ad essere poco diffusi da queste trasmissioni pur innovative per l'Italia, nel '66 e nel'67 continuai allora a dedicarmi al rito irrinunciabile dell'acquisto dei loro dischi.

Per tutto il 1966 ascoltai "Revolver".... Boom! Che revolverata fu quella quando lo portai a casa. Che copertina e che cambiamento di sound! Avevano tutti interessi diversi ormai, e si sentivano: c'era un'ampia gamma di stili musicali e di argomenti.

Ormai conoscevo l'inglese abbastanza bene per capirli: dall'apertura di George con "Taxman" dove egli si lamentava delle tasse con i ministri Wilson e Heath, *(con colpo di tosse iniziale)*, alle sue ulteriori sperimentazioni con la musica indiana, (Love you too) alla loro prima singalong song, *cioè canzone cantabile in coro di stile allegro e semplice*, "Yellow Submarine" e la simile "Good day sunshine", ai quadretti di vita tristi "Eleanor Rigby" e divertenti come "Doctor Robert", alle melodie intramontabili di Paul "Here, there and everywhere", "For no one" ed alla mia preferita di John "I'm only sleeping". Arriviamo quindi allo shot finale, "*Tomorrow never knows*" che fu la canzone più strana e sperimentale dei Beatles fino ad allora. Essa aveva a che fare col sacerdote lisergico Timothy Leary, si ispirava al buddismo tibetano traducendolo in musica, utilizzando gli effetti del mixaggio tra 16 tape-loops che entravano ed uscivano con un effetto spettacolare. John volle per il cantato una specie di coro di monaci tibetani cantilenanti in cima ad un monte. Tutto questo senza elettronica, ma "semplicemente" tagliando e giuntando dei nastri. Molto strano per quell'epoca, soprattutto per le orecchie del pubblico italiano!

Queste novità mi piacevano, ma in realtà rimpiangevo un poco i quattro di "Twist and Shout" e "She Loves you". All'epoca, sapendo anche della droga e del viaggio in India, alla ragazzina 15enne del nostro racconto non importava granchè delle sperimentazioni beatlesiane in studio. Per me avrebbero potuto in eterno suonare il loro rock come fecero i Rolling Stones, che almeno sono rimasti uguali a loro stessi fino ai giorni nostri. Comunque mi appassionai anche a "Revolver", infatti il mio vinile d'epoca è tanto consumato da non valere forse nulla: lo ricomprai poi in CD, e recentemente anche in versione remastered. In seguito nel 1966 conobbi meglio i Rolling Stones. Essi furono dapprima considerati avversari dei Beatles, ma poi chiaramente si dimostrarono come due facce della stessa medaglia: i Beatles cambiavano il mondo con melodie fantastiche, loro con rabbia e aggressività. Le due bands erano amiche tra loro ed anche gli Stones avevano indossato, agli esordi, le tipiche "uniformi".

La loro amicizia mi pareva ovvia e mi stupivo nel vedere la rivalità Beatles/Rolling Stones tra i fans. "Paint it black" mi lasciò senza fiato, la tradussi e la imparai subito. "Satisfaction" poi ebbe un enorme successo. La stampa dell'epoca faceva credere che gli Stones fossero dei ragazzacci poco raccomandabili mentre i Beatles erano educati e pulitini. Questa era una delle ipocrisie tipiche degli anni '60, visto che già ad Amburgo proprio i Fab Four non si erano dimostrati prorio dei bravi ragazzi. Infatti suonavano nel quartiere a luci rosse, anche nei locali di strip-tease, in mezzo a marinai ubriachi e prostitute e ai frequentatori dei rock club notturni; a volte i loro concerti furono anche vietati per disturbo della quiete pubblica. Ma allora si diceva che ad una madre sarebbe piaciuto più che la propria figlia uscisse con un Beatle, piuttosto che con un tipaccio dei Rolling Stones! Erano forse le divise che i Beatles indossarono molto a lungo e i loro sorrisi educati a farli credere così ingenui? Quelle divise, così attillate e stylish, gli stivaletti ed i caschetti avevano comunque stregato il pubblico femminile. Molto astuto il loro manager, Brian Epstein! All'epoca la moda maschile era grigia ed i vestiti informi e tristi, specie in Italia.

Amburgo
"Vice capital of Europe"

Questa città tedesca rappresenta una svolta importante nella vita dei futuri Beatles. Qui essi riceveranno la loro prima paga regolare di musicisti: 25 sterline alla settimana ciascuno per suonare al Kaiser Keller nel red light district di St.Pauli. Ed è anche qui che venne "creato" il famoso "look" grazie ad una loro fan, la fotografa tedesca Astrid Kirchherr. Essa, che aveva anche studiato moda, era un'amica di Klaus Voormann *(artista che disegnerà la copertina di "Revolver" per cui ebbe un Grammy Award e che diventerà bassista dei Manfred Mann e nella Plastic Ono Band)* che la porterà ad ascoltare i Quarryman, *(la formazione iniziale con John, Paul, George, Stuart Sutcliffe, Pete Best)* nel locale di Amburgo. Diventò in seguito la fidanzata di Stuart che le morì *(per emorragia cerebrale o tumore)* praticamennte tra le braccia. Contribuì allo stile dei loro abiti, ispirandosi agli esistenzialisti francesi con i loro vestiti neri e al taglio dei capelli. Nel 1964 realizzò un servizio durante il film "A Hard Day's Night". L'amicizia con i Beatles durò negli anni ed oggi è ricordata, suo malgrado, soprattutto come la "Fotografa dei Beatles".

In quegli anni era ad Amburgo anche una delle più famose "icone" del beat italiano, anch'egli però di nazionalità inglese: Shel Shapiro che diventerà famoso con i Rokes. Anche Shel suonava nel 1963 nella Reeperbahn e allo Star Club. Egli é presente tutt'ora sulla scena artistica con spettacoli ed eventi musicali, che sebbene qualche volta legati al passato, perchè i suoi fan vorrebbero ancora così, sono più spesso rivolti al presente oppure al futuro.

E qui occorre lasciare da parte un attimo il discorso musicale ed è necessario aprire una breve parentesi... facendo un passo indietro.

CAP. 6 - USI E COSTUMI NELL'ITALIA DEGLI ANNI '60

PARTE I La morale familiare e scolastica

L'Italia negli anni '60 era nel pieno del cosiddetto "boom economico". Le famiglie italiane erano ottimiste e fiduciose nel futuro: infatti i numerosi nati in quest'epoca vennero chiamati baby-boomers. Le persone erano in genere buone ed esisteva spirito di solidarietà. La società era, dopo la guerra, in rapido cambiamento per quanto riguarda l'economia, la morale, il costume, la concezione della famiglia. La Chiesa e i partiti politici dell'epoca erano le figure istituzionali dominanti, e con le loro gerarchie contribuirono a dare al paese una certa connotazione politica ed economica, ma soprattutto sociale e morale. L'Italia di quegli anni non brillava per la sua apertura verso le innovazioni sociali, culturali e di costume. L'idea, propria della Chiesa, della famiglia, veniva concepita come "cellula della società", istituzione rigida da dover a preservare dai mutamenti. I nostri genitori, *(soprannominati "matusa")*, si facevano carico *(responsabilmente ma in buona fede per il bene dei figli)* di portare avanti questi ideali, insieme alla chiesa e alla scuola.

Per le ragazze la verginità era in genere un valore e bisognava arrivare "intatte" al matrimonio in chiesa e l'abito bianco l'avrebbe testimoniato. Non esistendo il divorzio, in Italia, *(introdotto solo nel 1970)* il matrimonio era "per tutta la vita" e per lo più era la donna a dover sopportare situazioni familiari pesanti. Non si poteva assolutamente convivere senza sposarsi, la coppia sarebbe stata "concubina" e condannata dalla morale comune. Da sposata la donna era particolarmente svantaggiata e soggetta in tutto, anche economicamente, al marito; il lavoro fuori casa era scoraggiato se non per esigenze economiche della famiglia; se tradiva era passibile di condanna, a querela del marito, e punibile con un anno di reclusione; due anni se portava avanti una relazione da tempo. Il marito adultero, invece, ne usciva indenne! Perchè solo la donna era punita? Queste norme vennero abolite solo nel 1968/69.

La chiesa disapprovava i rapporti prematrimoniali

e gli anticoncezionali; la pillola contraccettiva venne legalizzata solo nel 1971 rimanendo "demonizzata" per lunghi anni. Sono sempre stata una bambina sveglia, dotata di grande spirito di osservazione, poi da piccola leggevo tranquillamente giornali e riviste. Quello che mi colpiva sempre era leggere che... "tra i due era successo l'irreparabile" e che erano convolati al "necessario matrimonio riparatore". Le attrici e i personaggi pubblici, che avevano relazioni e figli fuori dal matrimonio, venivano condannati. Loro potevano forse permetterselo, ma la stessa cosa non era permessa alle altre donne. Basti citare ad esempio la relazione, che fece scandalo all'epoca, tra il campione di ciclismo Fausto Coppi e Giulia Occhini, conosciuta come "la dama bianca" *(per via di un soprabito bianco da lei indossato)*. Questo fatto era avvenuto nella seconda metà degli anni '50, e se ne parlò molto anche in seguito. Erano entrambi già sposati e furono avversati dall'opinione pubblica; la donna fu condannata apertamente anche dal Papa, denunciata dal marito per adulterio e scontò un mese di carcere. La chiesa si dava molto da fare, al catechismo con noi bambini, con prediche e messe obbligatorie sempre in latino la domenica e non solo, minacciando castighi "infernali" a chi trasgrediva. I preti portavano sempre la tonaca ed erano molto autorevoli e severi, come pure le suore, che numerose gestivano scuole, ricoveri ed ospedali. Le scuole erano severe, i professori pretendevano parecchio; per essere promossi, occorreva spesso studiare molto, i brutti voti erano una tragedia ed a casa si era puniti se non si studiava abbastanza. Le paghette non esistevano *(come pure le distrazioni tipo playstations)* ed anche i figli delle famiglie con maggiori disponibilità economiche avevano in genere poche lire in tasca.

PARTE II Gli spettacoli, la moda e i ragazzi.

La Rai, ed il cinema in misura minore, censuravano le ballerine e le attrici misurando i centimetri di pelle che veniva scoperta. Anche i Beatles e molti altri gruppi venivano censurati in quanto capelloni e anche perchè la loro musica veniva spesso considerata poco conforme alla morale corrente. Al cinema i films erano vietati ai minori di 14, 16 e 18 anni, a seconda dell'oscenità del contenuto; ed erano sempre scene a sfondo sessuale che ora farebbero sorridere.

Nella prima metà del decennio, poche erano le donne a voler prendere la patente di guida e venivano prese in giro dagli uomini: “donna al volante, pericolo costante”.

Abbigliamento. Le poche lire in tasca non ci permettevano, almeno nella prima parte del decennio, di vestirci seguendo le mode d’Oltreoceano e d’Oltremanica. Del resto anche nei video dei Beatles si vedono ragazzine scalmanate vestite con gonne al ginocchio e calzini. Ma in USA i jeans arrivarono presto; in Italia le ragazze in pantaloni erano giudicate male; così, gonna a pieghe al ginocchio e calzettoni di lana, d’inverno; calzini orrendi d’estate; al mare, costumi interi, pochissimi i “due pezzi”, i bikini ridotti, poi ce li sognavamo... si era maggiorenni a 21 anni quindi soggetti alla patria potestà... bisognava ubbidire! Le calze lunghe, di seta, erano per le donne adulte, che parevano delle vecchie già a 30/40 anni. Le calze di seta che erano permesse generalmente dopo i 14/16 anni, a seconda della bontà del genitore, non stavano su da sole; ci voleva il reggicalze, all’epoca fastidiosissimo e scomodo. Guai ad entrare in chiesa in pantaloni; niente chitarre nelle chiese; ai funerali, velo nero e vestiti neri. A scuola, grembiule bianco col fiocco e colletto bianco alle elementari, grembiule nero alle medie. Persino le guide, le girl scout italiane, che frequentai per qualche anno, dovevano mettere la gonna, anche durante lunghe escursioni, e, se intonavo una canzone dei Beatles, venivo zittita con: “vietato cantare canzoni non scout!”. Anche le chitarre erano bandite nei raduni scouts e nelle chiese mentre oggi proprio alcune canzoni dei Beatles o di John Lennon come ad es. “Happy Christmas” fanno parte del repertorio cantato in queste occasioni.

I **ragazzi**, in genere con i capelli corti, indossavano solitamente la giacca *(anche perchè c’erano poche altre alternative)*. I jeans e le scarpe “da tennis” apparvero poco a poco più tardi. L’unico aspetto positivo di questo stato di cose era che, facendosi desiderare, le ragazze avevano un gran numero di “ammiratori” che facilmente si innamoravano, talvolta anche follemente di loro *(anche perchè per un ragazzo di allora, era già tanto poter dare un bacio)*, e le facevano sentire molto importanti. Sembra impossibile l’enorme differenza coi tempi odierni, dopo soli 50 anni eppure era così! Ma era la normalità.

Cap. 7 - Il Beat in Italia - I Capelloni

Il Beat

Il "Beat", che vuol dire "battuta musicale" ma anche "percuotere", fu un movimento musicale nato in Inghilterra, all'inizio degli anni Sessanta. Musicalmente introdusse l'uso delle chitarre amplificate, e trovò la massima l'affermazione a livello mondiale con i Beatles e i Rolling Stones. Tra gli italiani, ebbero molta notorietà l'Equipe 84, i Dik Dik, I Corvi, I Camaleonti, I Delfini, Riki Maiocchi, Gian Pieretti, Patty Pravo, Caterina Caselli. Vennero creati dei locali da ballo, come il famoso Piper di Roma ed alcune riviste dedicate.

In mancanza disperata di contatti diretti sui Beatles e le altre bands che ormai erano innumerevoli, logicamente ormai sempre alla ribalta in UK, alla tv etc., finalmente la nostra ragazzina vedeva diffondersi anche in Italia il fenomeno "Beat". Non potendo andare in UK perchè troppo giovane, e quindi tagliata fuori dagli eventi della Swinging London, affascinanti luoghi dove si avvicendavano le rockstars inglesi, americane, e dove le mode ed i costumi cambiavano, dettando legge anche all'estero, la ragazzina abbracciò il beat italiano. All'epoca si formavano tantissimi gruppi, o "complessi" come si diceva allora, ma due erano i maggiori che emergevano sulla scena italiana: I Rokes, inglesi ma italiani di adozione, e l'Equipe 84.

Grazie a loro anche molti ragazzi "normali" che potevano permetterselo iniziarono a comprare chitarre, a strimpellare ed a riunirsi in garages o scantinati per provare quella nuova musica. La tendenza dei ragazzi a farsi crescere i capelli diventò pian piano comune, dando luogo in Italia al fenomeno del "Capellone".

Come mi viene da sorridere se penso a quegli anni: ecco finalmente la mia rivincita. Non potevo vivere in diretta la scena musicale d'Oltremanica? Finalmente il Beat arrivava a casa nostra ed il "Capellone italiano" ne fu il protagonista. Molti dei gruppi emergenti sulla scena musicale, ed erano tantissimi, erano stati in UK e prendevano ispirazione da quel fenomeno, italianizzandolo e rendendolo così più tollerabile alle orecchie ed agli occhi degli adulti. Molte loro canzoni erano covers di quelle inglesi; non tutti sapevano che “Senza Luce” era la cover di “A Whiter Shade of Pale” dei Procol Harum, o che “Un figlio dei fiori non pensa al domani” era la cover di “Death of a Clown” dei Kinks. Allora lo sapevamo in pochi ma tante altre ne ho scoperto in tempi recenti grazie al web.

Comunque le canzoni erano in italiano, finalmente comprensibili da tutti, ed ascoltando i testi si capiva perfettamente che non fu facile nell’Italia di quegli anni accettare questa rivoluzione musicale. La tradizione melodica italiana era dura da cambiare. Se la presero con la lunghezza dei capelli dei ragazzi. Ma cosa importava questo fatto, con i problemi che esistono al mondo, non lo capisco bene nemmeno ora. Ascoltate il testo di “Il mio amore è un capellone”, di Gilla con i Bad Boys, anche questa una band inglese, che ebbe una certa popolarità da noi grazie a Leo Wätcher, lo stesso impresario che riuscì a portare in Italia i Beatles. La canzone uscì proprio nel 1966 e nel testo si citano ad es. i capelli di personaggi storici e musicisti: “Anche Verdi era un capellone, Leonardo e Napoleone ma non facevano sensazione ed allora che male c’è”. La gente si gira, ride e fischia: altra stranezza, perchè ridere se non si aveva il taglio a spazzola?

I Nomadi chiedevano in tono più impegnato: “Come potete giudicar”? Tutto il testo è una vera e propria presa di posizione: “come potete giudicar, come potete condannar... per i capelli che portiam?” e se “vi fermaste un po’ a parlar...” nessuno voleva parlare ai capelloni, vero.. “vi accorgereste che non abbiam fatto male mai”... ma che male dovevano fare? Sesso, droga? Non se ne parlava ancora molto all’epoca. Anche qui: “quando per strada noi passiam voi vi voltate per guardar...” etc...

Quello dei Rokes era un vero e proprio interrogativo: “Ma che colpa abbiamo noi”?: se non la pensiamo come voi, ci disprezzate "...vediamo un mondo vecchio che ci sta crollando addosso..." forse era questo che faceva imbestialire i matusa? Comunque i Capelloni, che naturalmente piacevano moltissimo alla maggior parte delle ragazzine, stavano confinati in zone ben precise: ad es. a Genova in Piazza Tommaseo, a Roma in Piazza di Spagna, e la maggior parte delle mamme proibivano alle figlie anche solo di avvicinarsi a quei posti. Ero attentissima ai commenti e leggevo giornali in continuazione. Ricordo battute tipo:" hanno i capelli lunghi, non se li lavano (non era vero) e sotto i capelli lunghi il cervello è vuoto..." oppure: la testa gli serve solo per sostenere la capigliatura"... Insomma c'era da ridere, ma anche da piangere.... "Sha la la Piangi con me... domani forse cambierà", cantavano i Rokes.... ecco,sì!

Durante tutto il 1966 si diffuse in Italia il cambiamento musicale, come avevo detto, e cominciai a seguire i vari "complessi". I Beatles se ne stavano chiusi in studio di registrazione a creare capolavori e sperimentando diverse sonorità? A me interessavano di più i gruppi "live", in quel momento. Avendo ricevuto l'"imprinting" dei Beatles dal vivo, andavo a cercare quella musica.

A quell'epoca vivevo come sdoppiata: da un lato la studentessa impegnata che portava buoni voti *(del resto studiare mi piaceva, anche se non proprio tutte le materie)*, dall'altro la ragazzina beat che non si lasciava sfuggire una novità, una tendenza, in campo musicale e di costume. Se questa ragazzina era costretta a vivere in Italia, perchè la maggiore età allora era a 21 anni, che sembrava non arrivassero mai, allora... dedicò più attenzione a ciò che stava accadendo in Italia. Non mi lasciai quindi sfuggire il Festival di Sanremo del '67: per la prima volta, accanto ai cantanti italiani tradizionali, ecco un consistente numero di stranieri! Quell'anno c'erano Marianne Faithfull, che Mick Jagger seguiva dalla prima fila, "Sonny and Cher", i "Los Bravos", "The Hollies". I Rokes si presentavano con "Bisogna saper perdere", ed il bizzarro capellone Antoine, francese che qui cantava la "polemica" canzone

"Pietre" e che in Italia era già popolare grazie alle sue Elucubrazioni (Les Elucubrations d'Antoine, 1966): "La gente ride e non capisce mai, se ho i capelli lunghi sono fatti miei, a casa mia la stufa non ce l'ho, ognuno si riscalda come può..." Fu quella la prima volta che andai al Festival soprattutto solo per vedere e sentire dal vivo i Rokes che facevano impazzire le ragazzine con quell'accento inglese e le capigliature ondeggianti, ed Antoine e tutti suonavano veramente bene. Tra gli italiani emersero i Giganti con la famosa "Proposta", che fu la prima canzone "di protesta" a parlare di attualità politica e sociale: "Mettete dei fiori nei vostri cannoni..." presentata in un festival di Sanremo, fino ad allora poco sensibile alle novità, e che ebbe grande successo di critica e di vendita.

Quindi i musicisti capelloni beat erano stati "consacrati" dal sacro tempio della musica leggera italiana. Si apprestavano a vincere la loro battaglia. Soprattutto perchè i loro dischi si iniziavano a vendere molto bene! Anche se la vittoria andò a Claudio Villa ed Iva Zanicchi, la canzone più popolare fu "Cuore Matto" di Little Tony ed anche "L'Immensità" di Don Backy ebbe enorme successo. Il Festival assunse poi, purtroppo, un aspetto anche tragico dovuto al suicidio del cantautore Luigi Tenco. La ragazzina beat toccò inoltre il massimo della felicità quando, alla manifestazione Euroflora di Genova, al Palasport dove avevano suonato i Beatles, si trovò... in mezzo ai quattro Rokes! Erano fermi a firmare autografi. Con grande emozione riuscii a trovare il coraggio di avvicinarmi, a chiedere gli autografi e a complimentarmi con loro. In che lingua, italiano o inglese? Ero talmente confusa che non ricordo!

Ed ecco così che a poco a poco, anche in Italia, si accettavano i capelloni, grazie anche alla loro partecipazione in alcuni film, alcuni dei quali anche comici. Ricordo in particolare: Totò nel film "Rita la figlia americana", del 1965, dove si vede chiaramente il contrasto tra Totò, industriale benestante di mezza età amante della musica classica, e la scatenata figlia americana Rita Pavone, amante del rock, che fa da mediatrice fra le due culture contrapposte, quella conservatrice del padre e le le nuove tendenze musicali. E ci riesce benissimo! Al film parteciparono anche i Rokes ed alla fine Totò diventa addirittura componente di un complesso rock e canta una canzone, indossando una parrucca con caschetto alla Beatles! Scena irresistibile e storica!

Anche Alberto Sordi, che vidi al cinema, nel bellissimo film "Fumo di Londra" del 1966, il primo nel quale era anche regista oltre che interprete, impersonò un ammiratore di mezza età della cultura anglosassone che, una volta immerso nell'atmosfera di Londra, si spaccia per inglese seguendone dapprima le tradizioni, compresi ombrello e bombetta. Nella prima parte del film si vede l'Inghilterra tradizionale con la caccia alla volpe e le antiche dimore nobiliari. Nella seconda parte la giovane nipote della duchessa gli spiega il significato del nuovo mondo giovanile, della Swinging London, contrapposto al mondo tradizionale.

Contagiato dalla vitalità di quella gioventù, l'italiano tradizionalista, vestito stavolta come un Mod, allora moda predominante, si troverà coinvolto, alla fine del film, in un grande scontro in un parco con bande di rockers, scoprendo la realtà di un mondo che stava cambiando e l'atmosfera che si respirava in quegli anni, spazzando via le tradizioni. Scene divertentissime anche qui, e l'atmosfera londinese era resa benissimo. Dopo aver visto questo film al cinema, il fascino della città di Londra mi catturò completamente e ormai sognavo sempre più di andarci a vivere. E così anche in Italia alla fine le gonne delle ragazze si accorciavano ed i capelli dei ragazzi si alllungavano, mentre la nuova musica, beat e rock, italiana e straniera, si diffondeva finalmente. All'estero erano anni avanti a noi ed il 1967 fu decisamente l'anno della svolta.

I Mods e i Rockers

I mods e i rockers erano due gruppi/movimenti degli anni Sessanta in Inghilterra. Entrambi esprimevano, in modo diverso, parte della cultura giovanile spesso a disagio con i vecchi schemi educativi e sociali. Avevano un loro abbigliamento e si differenziavano anche dal tipo di moto usate: i rockers andavano in moto e i mods in scooter. Anche la musica era sentita in modo differente, e mentre i rockers ascoltavano Elvis Presley, i mods preferivano i Rolling Stones e gli Who che li renderanno celebri nel loro album Quadrophenia. Spesso al centro di scontri i due gruppi preferivano le località balneari come Brighton e Hastings che divennero famose quando si diedero appuntamento, nel 1964, migliaia di giovani creando tafferugli e combattimenti che durarono due giorni.
In Italia i Mods vennero resi famosi anche dalla canzone "Uno dei Mods" di Ricky Shayne anche se egli indossava un giubbotto nero tipico dei rockers.
Ringo Starr, intervistato sulle sue preferenze sui due schieramenti, rispose "I'm a mocker" *("Sono uno scimmiottatore")* non schierandosi e rispondendo però giocando con le definizioni dei due gruppi.
Il fenomeno cessò agli inizi degli anni settanta con l'avvento dei movimenti degli hippies e degli skinheads.

CAP. 8 - NUOVE SONORITA' FINALMENTE ANCHE IN ITALIA

Anche se i cantanti, i cantautori ed il beat italiano che nascevano in quegli anni mi piacevano molto, specialmente I Rokes, Le Orme, Lucio Battisti e molti altri, quello che avveniva Oltremanica ed Oltreoceano esercitava un grande fascino sulla mia immaginazione.

IL 25 giugno 1967 in mondovisione, in 157 nazioni, fu trasmessa su programma satellitare "All You Need is Love". I Beatles presentarono il pezzo in diretta da Londra. Fu un grande avvenimento, uno di quelli che testimoniarono il grande cambiamento a livello "planetario". Oggi si direbbe "globale". Durante quell'indimenticabile anno fui stordita dagli echi di avvenimenti e di innovazioni che arrivavano di continuo e molto velocemente; proprio verso la fine del 1966/67 si cominciavano ad ascoltare anche nel nostro paese gruppi, innovativi, per allora, come i Byrds dalla West Coast, la risposta americana al pop dei Beatles, che si distinguevano sia per le melodie che per la parte vocale improntata su cori in falsetto *(tutti i componenti erano, oltre che capaci musicisti, anche validi vocalists).*

I loro brani - specialmente quelli riferiti alla prima produzione - davano la sensazione di "volare in alto", come gli uccelli da cui avevano preso a prestito, modificandolo, il nome. Ricordavano appunto i Fab in versione americana, anche se tra i due gruppi c'era una certa rivalità. Ebbero molto successo con la canzone "Mr Tambourine Man" di Bob Dylan. Bob Dylan e Joan Baez erano allora tra i maggiori interpreti della cosiddetta "canzone di protesta" negli States. In quegli anni in Italia si ascoltava anche lo scozzese Donovan, chiamato "il menestrello", che si ispirava alle ballate popolari tradizionali o ai fermenti pacifisti del mondo giovanile. Donovan ricordava vagamente Dylan nell'aspetto, nel modo di cantare accompagnato dalla sola chitarra e dall'armonica a bocca e nella ispirazione venuta dal comune maestro Woody Guthrie.

La sua "Mellow yellow" ebbe un enorme successo, insieme a "Jennifer Juniper", che registrò anche in italiano. Era stato anche lui in India con i Beatles a seguire gli insegnamenti del Maharahishi, e all'epoca lo sentivo molto più vicino ai miei gusti anche perchè, per un paio di anni, Donovan fu uno degli esponenti più significativi della "Swinging London".

Infatti nella Londra di quegli anni la musica diventava sempre più un bene di consumo per un numero crescente di giovani che in essa cercavano anche i messaggi sociali, l'apertura verso le culture orientali e le percezioni "allargate" della cultura psichedelica. Questa "Swinging London" era diventata per me un richiamo irresistibile e mi pareva il centro dell'universo. Stava diventando, come la Beatlesmania, una specie di fissazione! E poi ancora musica da altri gruppi come The Yardbirds, The Who, The Beach Boys, Simon & Garfunkel, The Mamas & Papas, Eric Burdon and the Animals, anche lui a farci sognare con la sua "San Franciscan nights". Solo per citarne alcuni. Ma che esplosione di nuovi gruppi, nuovi sounds, nuova voglia di sperimentare e.... finalmente anche in radio. Sì, ma quale radio? Nel '66 iniziammo ad ascoltare, almeno in Liguria, poi non so in quali altre parti di Italia, RADIOMONTECARLO, che, nata inizialmente come parte della programmazione RM in italiano, diventò presto una emittente indipendente completamente libera dalla censura propria delle radio italiane, trasmettendo canzoni di artisti come quelli che ho citato e diffondendo così un modo informale di concepire le trasmissioni radiofoniche anche in Italia. Le ascoltavamo sulla spiaggia coi nostri nuovi "transistor", radioline portatili che avevano sostituiti i radioni a valvole, scoprendo così un mondo nuovo. Ricordo la voce festosa e piena di vitalità del presentatore/cantautore Herbert Pagani, una delle voci più di spicco di questa emittente.

A quell'epoca non c'era la percezione di vivere un momento storico dal punto di vista musicale e di costume e si era convinti che, una volta passata la moda, nessuno si sarebbe più ricordato nemmeno dei Beatles.

CAP. 9 - LA SCUOLA GENOVESE DEI CANTAUTORI

Il Palasport di Genova. Qui, nel 1965, suonarono i Beatles nel loro unico tour in Italia.

Negli anni '60, quando l'Inghilterra (ma non solo), impazziva per i Beatles, a Genova ,la mia città, si stava affermando la cosiddetta "scuola dei cantautori genovesi". Questo termine era stato dato ad un gruppo di giovani appassionati di Genova, della città, delle sue strade, dei suoi abitanti e delle sue caratteristiche.

Questi giovani volevano fare i "cantautori" e ci riuscirono. Tra questi c'era colui il quale sarebbe diventato il più famoso, il più bravo, il più amato: Fabrizio De Andrè, oggi oggetto di tesi e studio nelle scuole.

Da quel gruppo sarebbe anche venuto fuori uno dei più grandi comici italiani: l'attore-autore Paolo Villaggio, che con De Andrè scrisse da giovane la "goliardica" canzone di Carlo Martello (Volume I, 1967, Carlo Martello "Ritorna Dalla Battaglia Di Poitiers") che arriverà, sempre attuale, fino ai giorni nostri. I "genovesi" cantavano, già in quegli anni e quasi in sordina, il boom economico e le sue contraddizioni, il capitalismo con i valori forse non del tutto positivi, la storia e la politica.

La stazione di S Ilario citata nella famosa canzone "Bocca di rosa" di Fabrizio De Andrè *(oggi proprietà privata)*

In questo gruppo, di "quattro amici al bar", come canterà in seguito Gino Paoli *(nato a Monfalcone in prov. di Gorizia nel 1934; "Sapore di sale" e "Senza fine" sono tra i suoi successi più famosi)* del quale faceva parte, c'erano anche Bruno Lauzi *(nato in Eritrea nel 1937, cresciuto a Genova e morto a Peschiera Borromeo nel 2006)* che controcorrente si definiva liberale, e che già scriveva allora "Arrivano i cinesi". Sue anche la famosa "Amore caro Amore bello" e "O Frigideiro", simpatico mix di lingue genovese-portoghese. Egli collaborò fino a poco prima di morire anche con l'attuale gruppo genovese, che canta in dialetto, dei Buio Pesto.

Tra questi interessanti cantautori vanno citati anche Umberto Bindi *("La musica è finita")* e Luigi Tenco, sebbene egli fosse originario di Cassine *(vicino a Ricaldone in prov. di Alessandria dove nacque nel 1938, sua la la famosa "Ciao amore ciao")* in Piemonte. C'era anche Paolo Conte che scrisse "Genova per noi" per i piemontesi. Prima di loro già avevano fatto parte di questo gruppo Natalino Otto *(nato a Cogoleto (Ge) nel 1912 propose, negli anni '40, ritmi innovativi come lo swing imparato nei suoi viaggi sulle navi e dalla sua permanenza in America)* ed in misura minore Joe Sentieri *(nato a Genova, nel 1925 anch'egli importò stili musicali dal suo lavoro di cantante sulle navi)*. Oggi quella vena artistica è un po' offuscata, ma ci sono dei cantatutori famosi come Ivano Fossati che continuano su questa tradizione. Negli ultimi anni si è affermato in modo importante Max Manfredi, perchè quando Fabrizio diede un contributo alla sua canzone "Fiera della Maddalena" lo designò come suo "erede". Ci sono altri a continuare la tradizione, tra questi: Federico Sirianni, Sergio Alemanno e Francesco Baccini.

La chitarra di Fabrizio De Andrè nella tomba di famiglia al cimitero Monumentale di Staglieno a Genova.

Una "Creuza de Ma" nel borgo dei pescatori di Boccadasse a Genova.

Nel contesto genovese hanno avuto grande importanza alcuni gruppi come i New Trolls, famosi in ambito "progressive" con il loro "Concerto Grosso"(1971), una suggestiva esecuzione musicale pop-barocca-hendrixiana su composizione di Luis Bakalov *(il gruppo arriverà in diverse formazioni fino ai giorni nostri, in una delle quali faranno parte alcuni componenti dei Beatbox, rinomata "Beatles Tribute band")*, e i Garybaldi *(anni '65..'70)* che con il bravissimo chitarrista Bambi Fossati, *definito in seguito il "Jimi Hendrix italiano"* ,ebbero notorietà anche all'estero.

Nel 2012 è uscito l'interessante film *"Una canzone per il paradiso"*, dove Nicola di Francescantonio, regista RAI, ripercorre proprio con Gino Paoli *e* Don Gallo un viaggio indietro nel tempo, facendo rivivere alcune delle storie vissute e cantate dai musicisti di allora.

FABRIZIO DE ANDRÈ

Nato a Genova nel 1940, è il cantautore italiano più famoso della storia musicale italiana. Figlio di una delle famiglie più importanti della città *(il padre fu tra i promotori della Fiera del mare di Genova al cui interno si trova il Palasport che ospitò il concerto dei Beatles del 1965)*, egli iniziò a suonare e a cantare traducendo composizioni di autori della tradizione francese di protesta di George Brassens, suo cantautore prediletto, del quale tradusse "Il Gorilla".

All'inizio è po' chansonnier francese e un po' menestrello cantore di antiche ballate. Le le sue prime incisioni risalgono al 1961 ma fu quando la già famosa cantante Mina intrepretò in tv la sua "Canzone di Marinella", scritta nel 1962 ed ispirata ad un fatto di cronaca, che iniziò ad essere conosciuto. Alcune sue canzoni, fino ad allora apprezzate solo in qualche ambiente di appassionati fans genovesi che acquistavano i dischi quasi in sordina *(tra i quali l'autore che ebbe a frequentare una persona a lui vicina)*, divennero nazionali come la famosa "Bocca di rosa" *(1967)* che "scesa alla stazione di S. Ilario" e creò qualche scandalo, per allora.

Egli frequentò l'università senza concluderla perchè ormai, invece di seguire le orme di famiglia, preferiva passare le giornate con gli amici Luigi Tenco *(al quale dedicherà "Preghiera in gennaio", una delle sue canzoni più belle)* e Paolo Villaggio, suonando e cantando. Faber, conosciuto anche con questo nome datogli da Villaggio, non dimenticava la sua passione per le covers e le traduzioni, ispirandosi anche alla vena malinconico-intimistica del grande Leonard Cohen con Suzanne, con Giovanna d'Arco (traduzione di "Joan of Arc"); Nancy ("It seems so Long Ago") o la canzone di protesta di Bob Dylan con "Via della povertà" *(Desolation Row).*

Tra i suoi album più importanti ci sono "Tutti morimmo a stento" (1968, e del quale fece una registrazione anche in inglese, rarissima), "La buona novella" (1969, da lui considerato il più riuscito) e "Non al denaro, non all'amore né al cielo" (1971), adattamento di alcune poesie dall' Antologia di Spoon River di Edgar Lee Masters.

Nel '79 venne rapito in Sardegna e sequestrato per 4 mesi insieme ala cantante Dori Ghezzi *(con lui dal 1975, e poi sposata nel 1989).*

Nel 1984 uscì l'album "Creuza de mä" (del quale ricorre quest'anno 2014 il trentennale), in dialetto genovese e con la collaborazione di Mauro Pagani (della Premiata Forneria Marconi), curatore delle musiche e degli arrangiamenti. Un album che avrebbe potuto interessare al massimo i Liguri e che invece diventò un grande successo rendendo famosa la parlata ligure anche a livello internazionale. Rolling Stone, la famosa rivista musicale, lo inserì al 4° posto nella classifica dei 100 dischi italiani più belli di sempre e David Byrne *(ex del gruppo dei "Talking Heads")*, vincitore di Oscar nel 1988 con la colonna sonora de "L'ultimo Imperatore" di Bertolucci, lo considerò tra i dieci dischi più importanti del decennio.

L'11 Gennaio 1999 a Milano un male incurabile lo portò via all'affetto dei suoi cari e alla simpatia di tutti i suoi fans.

Fabrizio è oggi cantato dai più famosi artisti italiani e internazionali, Franco Battiato e Patty Smith per citare alcuni tra i più conosciuti Numerosi sono gli artisti che lo celebrano in molte occasioni e il figlio Cristiano De Andrè è il naturale erede delle sue canzoni che esegue spesso per i suoi estimatori insieme al suo repertorio personale. Al cantautore sono dedicate vie, piazze, biblioteche e scuole in ogni parte d'Italia; egli è ormai tra i grandi della poesia e della letteratura italiana.

CAP. 10 - 1967, THE SUMMMER OF LOVE

Sto cercando di descrivere un anno che ancora adesso mi dà i brividi. Musicalmente aveva prodotto quasi esclusivamente capolavori: dischi come “Sgt. Pepper’s Lonely Hearts Club Band” (Beatles), “Between The Buttons” (Rolling Stones), “The Velvet Underground & Nico” (Velvet Underground), “Are You Experienced?” (Jimi Hendrix), “Strange Days” (Doors), “Surrealistic Pillow” (Jefferson Airplane), “Absolutely Free” (Frank Zappa) e “The Piper At The Gates Of Dawn” (Pink Floyd) risultarono talmente innovativi da fare scuola alle generazioni future di musicisti.

Le informazioni arrivavano, e scoprii che nel gennaio 1967 l’enorme raduno all’aperto “Human Be-In” di San Francisco aveva reso popolare la cultura hippy, con il suo “Flower Power” *(l’idea di fondo era cambiare il mondo con l’amore, proposta soprattutto dai “figli dei fiori”)*, in tutti gli Stati Uniti, richiamando 20.000 persone al Golden Gate Park. Leggevo e sognavo di poter partecipare, ma invece dovevo pensare ad impegnarmi a studiare.

Nella West Coast, e in particolare nell’area di San Francisco, i Jefferson Airplane divennero i messaggeri della protesta e del rinnovamento, mentre i Grateful Dead elaboravano col romanziere Ken Kesey *(l’autore di “Qualcuno volò sul nido del cuculo”)* i cosiddetti acid test, iniziazioni al consumo dell’Lsd da replicare in concerto come happening collettivi. Anche in Italia si cominciava a parlare di uso di droghe leggere e pesanti ed alcune venivano descritte come “essenziali” per sviluppare la musica in un modo creativo.

Questi “esperimenti” mi incuriosivano creando in me però delle perplessità perchè queste nuove tendenze, con la loro musica, erano poco documentate sia sui giornali che alla tv e alla radio. Era però possibile approfondire queste conoscenze musicali perchè in alcuni negozi di musica specializzati si potevano acquistare gli album a 33 giri in vinile di questi artisti. Inoltre a Genova, città portuale, nel Centro Storico (il più grande in Europa) era possibile trovare alcuni di questi dischi considerati allora di “avanguardia”.

Oltreoceano, a New York i Fugs davano invece il via alla psichedelìa intesa come connubio di musica e poesia, abbracciando in pieno lo spirito del Flower-Power, facendo uscire il loro nuovo album “Tenderness Junction” che è considerato il loro capolavoro e il più psichedelico dell’epoca, anche perchè vedeva come ospiti illustri esponenti della “Beat Generation”.

Altri come i “Velvet Underground”, prodotti dal famoso esponente della Pop Art Andy Warhol, e dei quali avevano fatto parte John Cale e Lou Reed, rivelavano e mettevano in musica la dura realtà dei bassifondi metropolitani.

La “Beat Generation”

La Beat Generation è stato un movimento artistico letterario sviluppatosi nel dopoguerra negli States. Un gruppo di scrittori americani scrisse poesie, testi e performances con il tema del rifiuto delle norme imposte dalla società dell’epoca e sperimentando sia nel campo delle droghe che della libertà individuale e sessuale. Tra gli esponenti più famosi ci furono Jack Kerouac, Allen Ginsberg, William Burroughs e Lawrence Ferlinghetti. Le loro opere vennero tradotte in Italia da Fernanda Pivano che contribuì così alla diffusione della cultura beat; essa ebbe eco in campo politico ma soprattutto ispirò musicisti e cantautori nel periodo 1965-1970 *(già citati in altra pagina).*

La risposta britannica all’Acid Rock statunitense, *(altro fenomeno dell’epoca legato alla psichedelia)”* la fornirono invece i Pink Floyd con le loro musiche inizialmente sperimentali di suoni e visioni, completate da luci stroboscopiche. La musica rock attuava così un’espansione delle coscienze unendo al tempo stesso filosofia e tecnologia.

Tutto questo insieme di nuove percezioni musicali e di costume fu ben rappresentato al Festival di Monterey Pop dal

Musicisti "On the road"

16 al 18 giugno 1967 che esibiva, tra le altre cose, un grande striscione sul palcoscenico nel quale si leggeva «Musica, Amore e Fiori» che riassumeva il simbolo dell'epoca.a tutta grandezza.

A questo festival, che divenne poi un evento storico, parteciparono molti dei mie musicisti preferiti: The Animals, Simon and Garfunkel, Jefferson Airplane, The Byrds, Grateful Dead, The Who, The Jimi Hendrix Experience, The Mamas &the Papas.

Tutti suonarono gratis, tranne Ravi Shankar che col suo sitar era già famoso. I partecipanti furono 200.000 circa.

Il Monterey Pop Festival diffuse così la musica rock ad un vasto pubblico e segnò l'inizio della Estate d'amore, "The Summer of love".

Scott McKenzie, con la sua canzone "San Francisco", divenne un enorme successo negli Stati Uniti e in Europa e così cominciava: "If you're going to San Francisco, be sure to wear some flowers in your hair" cioè "Se stai andando a San Francisco, assicurati di portare fiori nei tuoi capelli". Egli influenzò migliaia di giovani di tutto il mondo invitandoli a recarsi a San Francisco, con fiori tra i capelli, e distribuendone anche ai passanti. Saranno quindi ricordati per sempre con il nome di "Flower Children".

Il movimento hippy da S.Francisco si diffuse in tutta Europa: noi osservavamo curiosi ed attenti, cercando informazioni, poi di ogni nuovo movimento, modo di pensare, stile di vita o cambiamento si faceva proprio cio che era più interessante e sentito. Andavamo cosi creandoci una cultura più personalizzata.

Ma in quella "Summer of Love" l'evento che mi toccò di più fu naturalmente l'uscita del nuovo album dei Beatles, "Sgt Pepper's Lonely Hearts Club Band".

Ero sempre Beatlesmaniaca e naturalmente corsi a comprarlo, e rimasi folgorata quando ascoltai il pezzo "Lovely Rita"!

E Paul gridava: "Ritaa!" ma perchè proprio Rita? Non ero io naturalmente, cantava invece di una meter maid, la ragazza che controllava le tariffe dei parchimetri dei posteggi. La canzone accennava ad una love story con Paul. Non riuscivo a crederci: una canzone col mio nome; la ascoltavo di continuo.

Ma che meraviglia questo album, e che varietà stupefacente di canzoni. I Beatles evolvevano, l'album era interessante, pieno di brani complessi e differenti tra di loro, ed è tuttora una delle pietre miliari della storia musicale.

Intanto, dai juke box e dalle radioline italiane si ascoltavano "Nel sole" di Al Bano e "Luglio" di Riccardo Del Turco.

CAP. 11 - THE HIPPIES

Gli Hippies con le loro ideologie volevano liberarsi dalle restrizioni della società, e trovare un nuovo senso alla propria vita. Cercando l'indipendenza dalle norme sociali, molti si organizzavano per vivere in "comuni" autogestite, che li faceva fraternizzare gli uni con gli altri. Il loro modo di vestire insolito serviva come simbolo visivo per dimostrare il rispetto dei diritti individuali e la volontà di mettere in discussione l'autorità. Di loro mi colpivano soprattutto, a parte i soliti capelli lunghi e piuttosto "incolti", i vestiti "multicoloured", cioè sgargianti e le gonne lunghe a fiori della ragazze, le camicette indiane ricamate, i caftani, i braccialetti e gli orecchini, che si ispiravano all'oriente, a paesi come l'India, allora meta comune di viaggio. Molti stilisti si sono poi ispirati a questa moda, adattandola ai tempi e sempre bella a vedersi. All'epoca mi davano idea di libertà, di ampiezza di vedute. Comunque se in seguito si iniziò a "smanettare" con programmi Open Source e P2P e oggi si hanno le "App", più o meno "free", nei tablets e nei telefonini, ciò si può fare grazie anche alle tante persone che hanno avuto questa mentalità derivante dalla cultura hippie, cioè l'ideale della condivisione che oggi, con i "Social Networks" è un vero e proprio fenomeno di costume e di massa a livello planetario. A tal proposito c'è stata una piena rivalutazione del fenomeno, a dispetto del fatto che molti pensavano che fossero soltanto persone che assumevano droghe o "viaggiavano" con Lsd.

In quell'estate 1967, trascorsa in Liguria, cominciai ad incontrare ragazzi vestiti da hippies che passavano in riviera viaggiando in autostop con i loro zaini: venivano dagli USA ma anche da Olanda, Germania e da paesi del nord Europa. Raccontavano che molti di loro talvolta partivano per il tour "classico" dell'India, il paese che avrebbe poi ospitato anche i Beatles al seguito del Maharishi, maestro di Meditazione Trascendentale.

Come quasi tutte le adolescenti dell'epoca non ero

libera di girare per conto mio per il mondo, ma parlavo con questi ragazzi, gentili, altruisti, pieni di ideali: si discuteva dell'esistenza di Dio, della pace, di amore, di amicizia, di musica, dei paesi che avevano visitato. Si trattava insomma dei valori diversi dalla generazione precedente che veniva contestata.

In questo modo, supportata dalla musica, assorbii alcune idee della cultura hippy, anche se non condividevo pienamente e del tutto certi stili di vita e convinzioni, ma ero interessatissima invece alla non violenza, alla libertà "FREEDOM!" come avrebbe "urlato" poi nel 1969 all'enorme raduno di Woodstock il grande Ritchies Havens, al pacifismo, all'amore universale, al vegetarianismo, alla macrobiotica, alla condivisione di affetti ed amicizia tra i giovani, alla filosofia Yoga.

Tutti questi ideali furono pian piano sempre più familiari, anche perchè si ritrovavano in molti testi di canzoni come ad esempio in "We can change the world, rearrange the world..." *(da Chicago di Crosby Stills Nash&Young, 1967)*; "She comes in colours everywhere... she's like a rainbow" da *("She is a Rainbow" dei Rolling Stones, 1967)*. Con il brano "When the music's over", il grande Jim Morrison and the Doors prorompeva urlando dopo un'inizio ipnotizzante "We want the world and we want it now!"... frase diventata anch'essa emblema di una generazione.

Io continuavo la mia vita normale di adolescente studiosa e non parlavo agli amici italiani di queste cose, perchè non mi avrebbero capita. Non sarei certo andata ad abitare in una comune hippy, non volevo andare a fare il tour dell'India. Era tutto un nuovo mondo, contrapposto totalmente alla cultura occidentale in cui eravamo cresciuti. Si spalancavano nuovi orizzonti e nuove possibilità. Feci amicizia con molti ragazzi olandesi che venivano in Liguria, ed anche con le loro famiglie sempre numerose. Ci scrivevamo spesso e promisi loro che sarei andata a trovarli per visitare l'Olanda dove, mi pareva, la gente era molto più civile, comprensiva e di larghe vedute, e conduceva una vita ben diversa dalla nostra.

Multipatched Jeans da noi confezionati a mano

Cap. 12 - Meditazione, Contestazione e Musica

All'inizio del 1968 vidi le foto dei Beatles che meditavano in India, presso l'Ashram himalaiano del Maharishi Mahesh Yogi, che aveva ulteriormente diffuso la sua tecnica tradizionale di meditazione. Secondo il suo insegnamento, questa tecnica aumentava l'ordine delle onde cerebrali e conseguentemente la chiarezza mentale, inducendo una rigenerazione spirituale. Maharishi stesso, nonostante alcune critiche e fraintendimenti, di fatto non insegnava nessun tipo di teologia né richiedeva l'adesione ad una fede particolare.

I Fab Four vi andarono in un gruppo che comprendeva tra gli altri Donovan e Mike Love dei Beach Boys che in seguito sarebbe diventato insegnante di meditazione a sua volta, e mogli e fidanzate varie, di cui naturalmente fui subito gelosa.

Anche io provai in seguito questa MT, che mi aiutò molto in alcune fasi della mia vita. Ora fioriscono ovunque corsi di Yoga e meditazione per sfuggire allo stress, e la sua versione occidentale si chiama "training autogeno". Ma allora era tutto considerato molto insolito.

Quello fu anche l'anno che portò nei licei e nelle università la contestazione giovanile, come si diceva allora. Essa aveva avuto origine a metà degli anni '60 negli U.S.A., nell'università di Berkeley, California, dove si ebbero 800 arresti di studenti, ed in Europa, a Parigi, esplose il Maggio francese.

Anche in Italia arrivarono gli echi delle contestazioni d'Oltreoceano, sia in alcuni licei che nelle università, ed iniziarono ad avere una certa influenza nel mondo giovanile, già insofferente verso le generazioni adulte, considerate portatrici di una mentalità chiusa e repressiva assumendo via via un aspetto politico sempre più marcato. Soprattutto veniva contestato il sistema di insegnamento autoritario e ritenuto di tipo “classista” e cominciò così il periodo della “contestazione studentesca”. Il fenomeno coinvolse in seguito anche molti altri settori della produzione industriale, dell’economia, e dell’opinione pubblica.

Così alla fine del decennio queste nuove ideologie giovanili iniziarono a mettere anche in dubbio l’importanza del benessere materiale, che non era più considerato di primaria importanza, a vantaggio di una maggiore libertà di pensiero e crescita personale.

Mi consolavo, nell’anno scolastico ‘68/’69, ascoltando il nuovo “White album” dei Beatles che era il loro regalo; si trattava di un capolavoro pieno di fantastici pezzi di tutti i generi che avrebbe venduto decine di milioni di dischi! Avevo anche quattro magnifiche foto dei Fab e subito, armata di cacciavite, andai a sostituire le classicheggianti stampine incorniciate sulle quattro ante dell’armadio in camera mia. Un B-E-A-T-L-E su ogni anta. Eccezionale!

La reazione in casa fu di sgomento ma le foto rimasero.

Quell’anno in camera mia comparvero anche cuscini e tappeti su cui mi rilassavo facendo yoga e ricevevo gli amici ascoltando la musica. Finalmente non ero più sola e non mi sentivo più incompresa ascoltando i dischi con loro.

Avevo infatti trovato ormai da tempo gruppi di amici che amavano i Beatles e alcuni di loro suonavano i loro pezzi nei garage che erano disponibili, e talvolta nei locali quando ne trovavano e sentivo spesso parlare dei vari strumenti suonati: chitarre Fender, Gibson etc. e così iniziai a pensare di poterne suonare una, ma erano poche in Italia allora le ragazze chitarriste.

Per il momento, collaboravo con i miei amici cantando nei coretti. I Beatles erano ormai conosciuti da tutti finalmente, ma purtroppo dopo pochi anni si sarebbero separati.

CAP. 13 - FINE DI UNA GOLDEN ERA

Mi rendevo ormai conto del fatto che i quattro Beatles sorridenti e spensierati, con la divisa e gli stivaletti a punta che avevano allietato la mia adolescenza, nel giro di sei anni non esistevano più a causa anche di problemi legati a interessi economici ed artistici ormai divergenti, disaccordi, liti. La cosa mi gettò nella disperazione più profonda. Ero cresciuta con loro, non potevano separarsi! Facevano parte della mia vita! Altro che "All you need is love"! Non ci volevo credere ed andai in crisi. Perché, di tutti i gruppi, proprio il mio preferito si scioglieva? Intanto i Fab registravano i tanti brani che avrebbero poi fatto parte dei futuri album" Abbey Road" e "Let it be". Durante le registrazioni di "Let it be" si filmò l'omonimo documentario, ma per il disaccordo sui risultati esso venne trattenuto negli archivi e sarebbe poi uscito nel 1970, "trattato" dal produttore americano Phil Spector. Essi rimediarono realizzando in seguito il brillante ma diseguale "Abbey road", album comunque di livello eccezionale. Il 31 gennaio li vidi in televisione nel solito filmato di cronaca di qualche minuto, mentre si esibivano nel famoso "Rooftop Concert", tenuto all'ultimo momento sui tetti della loro casa discografica. Scandalo dei benpensanti. Pure sui tetti andavano a suonare!

Nel 1969 uscì il film "Easy rider" che divenne subito un cult-movie. Era interpretato e diretto da Dennis Hopper, con Peter Fonda e Jack Nicholson. La strepitosa colonna sonora comprendeva, tra le altre, musiche degli Steppenwolf con "Born to be wild", the Byrds, Jimi Hendrix, Bob Dylan, e the Band. Il mito "on the road" affascinava ormai molti giovani che, hippies o no, a piedi in autostop o in moto con i "choppers" con sacco a pelo e zaino, giravano il mondo compiendo il famoso "Trip" o "Viaggio". Tra le mete preferite c'erano la California e naturalmente, l'India. Il 21 agosto del 1969 fu l'anno cardine nella storia del rock, regalandoci il celebre raduno di WOODSTOCK, che si svolse nello stato di New

York negli Stati Uniti. Furono tre giorni di pace, amore e musica da cui venne poi tratto l'omonimo film di Michael Wadleigh. In queste giornate si esibì il numero più alto e importante della storia del pop-rock e per molti iniziò una carriera di successo; per altri, già conosciuti, fu una celebrazione a livello internazionale. Suonarono, tra gli altri, Santana, Jimi Hendrix, CSN&Y, Ten Years After, Joan Baez, Arlo Guthrie, The Who, Jefferson Airplane, Janis Joplin, Joe Cocker, Creedence Clearwater Revival. A fine agosto ci fu il grande raduno dell'isola di Wight, in Inghilterra, che richiamò circa 150.000 spettatori con Bob Dylan e la sua Band, ed a cui parteciparono tutti i Beatles tranne Paul, in qualità di spettatori. Con questi grandi raduni e concerti si stava avvicinando la fine di un'epoca. Gli ideali di "Pace e Amore" stavano lasciando lo spazio agli interessi commerciali che ruotavano intorno a degli eventi musicali ormai organizzati in modo sempre più professionale dal punto di vista tecnico ma sempre meno da quello degli ideali. Infatti cominciavano ad avvenire i primi cambiamenti. Al festival organizzato gratuitamente dai Rolling Stones ad Altamont, *(negli States, dicembre 1969, con Santana, Jefferson Airplane, Flying Burrito Brothers e CSN&Young)*, 300.000 persone assistettero ad uno spettacolo dove avvennero dei disordini che causarono 4 morti, ed esso siglò così la fine di un'epoca, quella degli hippies, e del peace and love, la "Golden Era" delle illusioni giovanili. *(Alcune scene del concerto faranno poi parte del film "Gimme Shelter".)* Altro episodio violento fu la strage di Bel Air, quartiere vip di Los Angeles, dove Charles Manson, capo di una comune e musicista, fu il mandante del massacro dell'attrice Sharon Tate, moglie del regista Roman Polański e di altre quattro persone. Sembra accertato che gli assassini fossero influenzati da un'errata interpretazione di alcuni testi di canzoni dei Beatles e degli Stones *(sempre Manson sarà poi accusato, insieme alla musica del gruppo Rammstein, però totalmente estraneo, di aver ispirato i fatti della Columbine school del 1999 negli gli States)*. I miti del rock venivano sempre più criticati per i loro stili di vita che ebbero molte conseguenze tragiche: nel 1970 persero la vita i non ancora trentenni Jim Morrison, Janis Joplin e Jimi Hendrix.

Cap. 14 - Matrimoni e Separazione

Nel marzo 1969 vi furono i due (per me tremendi) matrimoni: di John con Yoko a Gibilterra il 20, e il matrimonio di Paul con Linda, dei quali ero un po' "invidiosa", come d'altronde le fans di mezzo mondo. Pensavo che anche i componenti delle altre bands si sposavano ed avevano famiglia, ma non facevano suonare i componenti nei loro concerti e soprattutto restavano uniti.

Ormai quello fu il segno che sancì definitivamente la separazione dei quattro Beatles. Come avrebbero poi spiegato nei video dell'Anthology (un progetto multimediale sulla storia dei Beatles che sarebbe uscito tra il 1995 ed il 2000), questo fu "un lento scioglimento negli anni, come avviene quando una coppia, una volta felicemente sposata, divorzia".

In quello stesso anno John e Yoko manifestarono per la pace nei vari bed-in, una forma di protesta non-violenta contro la guerra nel Vietnam stando comodamente a letto in pigiama, anzichè in terra come nei sit-in di protesta, ed intervistati dalle varie televisioni prima ad Amsterdam e poi in Canada. I servizi su di loro destarono grande scalpore, ma venivano generalmente definiti solo "trovate sconcertanti". John iniziò quindi la carriera da solista con la moglie creando il gruppo Plastic Ono band che annoverò tra i suoi successi l'album sperimentale "Two virgins", the "Ballad of John and Yoko" e il famosissimo "Give peace a chance" che divenne uno degli inni del movimento pacifista americano. Il matrimonio finì con la tragica uccisione di John nel dicembre del 1980.

Paul e Linda Eastman, della famosa dinastia fotografica dei Kodak, si sposarono il 12 marzo 1969 senza invitare nessuno degli altri componenti per non farlo diventare un evento mediatico di eccessivo richiamo. Essi formarono poi nel 1971 il gruppo degli Wings ed ebbero una carriera fortunata, lunga dieci anni, con grandi successi tra i quali “Band on the run” e vincendo anche un Grammy Award. “Heart of the country”, tratto dall’album “Ram”, ce li mostrava come una coppia che viveva in campagna una vita semplice e bucolica con dieta vegetariana che avrei voluto vivere anch’io. Il loro matrimonio durò circa trent’anni fino alla morte di lei.

George Harrison esordì come autore solista nel 1970 sorprendendo pubblico e critica con “All Things Must Pass”, comprendente la famosa “My Sweet Lord”, che, pur essendo un triplo album vendette sorprendentemente sette milioni di copie. Nel 1971 egli fu in grado di organizzare il mitico “Concert for Bangla Desh”, accogliendo l’invito di Ravi Shankar di raccogliere fondi in aiuto alle popolazioni del Bangla Desh profughe della guerra civile tra Pakistan e India. Molti famosi artisti parteciparono all’evento al Madison Square Garden di New York, tra i quali Bob Dylan, Eric Clapton, Leon Russell. Il concerto uscì anch’esso in triplo album, che acquistai, e fu poi prodotto un film, che vidi successivamente al cinema.

Ringo Starr partecipò al concerto ed in quegli anni iniziò anch’egli la carriera di solista esordendo con l’album Sentimental Journey (1970), seguito a breve distanza da “Beaucoups of Blues” (1970), in tipico stile country and western di Nashville, genere da lui sempre amato.

Così, con la separazione definitiva dei Beatles e il loro proseguimento artistico-musicale in carriere separate e indipendenti finiva anche la mia adolescenza. Avevo 18 anni e, anche se allora fino ai 21 anni non si era ancora maggiorenni, cercai di crescere lasciandomi alle spalle il passato.

Nessuno all’epoca capì la mia autentica disperazione. “Che t’importa”, mi dicevano, è musica ormai superata, guarda avanti!” Ma se ancora 50 anni dopo scopro sul web milioni di fans, anche di altre generazioni, che postano foto e filmati di continuo, ed io stessa sto scrivendo ancora di loro ed ascolto e suono le loro canzoni… allora… ecco avevo ragione io!

Cap. 15 - Testimonianze

In questi anni in cui ho usato internet principalmente per la musica, e naturalmente per i Beatles, ho subito cercato testimonianze di persone che avessero assisitito come me ai loro concerti dal vivo. Oltre ad un amico di Genova, Maurizio, che seppi in seguito aveva partecipato al concerto pomeridiano nel mio stesso giorno ed è un esperto conoscitore e collezionista di memorabilia Beatlesiane, ne ho trovate molte altre sul web, italiane, inglesi ed americane. Tra gli italiani ho incontrato sul web fans che andarono ai concerti di Milano al teatro Vigorelli, a Genova al Palasport e a Roma al teatro Adriano *(le tappe italiana del loro tour europeo).* La rivista "Ciao Amici" vendeva i biglietti e organizzava il trasporto dei fan con pulmini dalle varie città limitrofe.

Tra le varie testimonianze che ho avuto modo di leggere ve ne propongo una particolare di un ragazzo inglese di Birmingham, *(prima della celebrità mondiale i 4 suonarono in innumerevoli concerti in Inghilterra, all'inizio spostandosi su un furgone sgangherato),* che scrisse quello che segue, in un forum a cui presi parte. Questo dà l'idea di come si svolgevano allora, in Inghilterra, i concerti dei Beatles: code interminabili al freddo per tutta la notte. "I thought I would tell you about a night out with a friend of mine in 1964..." così cominciava il seguente racconto: "Vi racconterò di una serata passata con un mio amico nel 1964. Non ricordo dove eravamo stati prima, quella sera, probabilmente in un pub per alcune pinte di birra. Comunque, non era tardi, e ce ne stavamo tornando a casa, quando notammo parecchie persone per terra, sia nei sacchi a pelo che sotto le coperte in New Street, Birmingham, Inghilterra. Mentre ci stavamo domandando cosa facessero lì, apparve una coppia di poliziotti dicendo: "Avanti muovetevi, non potete dormire qui". "A quel punto certamente capimmo perchè erano lì. "Dovrete fare la coda intorno al retro dell'Odeon se volete i biglietti." continuò il poliziotto. "Ora certamente noi eravamo già in piedi e non dovevamo uscire dai sacchi a pelo o da sotto le coperte. Così corremmo verso il retro del cinema dando inizio alla coda. Così quelli avrebbero imparato ad andare a dormire presto! Roy ritornò a casa per dire ai genitori dove eravamo e ritornò con un paio di coperte, bottiglie di acqua calda *(per le bustine del tè ndr.)* e del cibo. Tra l'altro qualche tipo della zona ci fece poi pagare 3 scellini per riempire altre bottiglie d'acqua. La mattina dopo sul presto prendemmo i biglietti, 2 per la prima fila! 15 scellini* l'uno. Il cinema Odeon era il luogo, la notte indimenticabile, sebbene non riesco a ricordare molto delle band di supporto, ma mi sembra di ricordare un gruppo chiamato... Sound Incorporated. Poi le luci si spensero, improvvisamente una luce dorata illuminò Ringo; le sua bacchette picchiarono sulla batteria con un suono secco e John cantò urlando le immortali parole "Well shake it up baby now..." Scoppiò il caos più assoluto. Che notte!

*Lo scellino allora era una delle monete in uso facente parte di un complicato sistema che poi fu sostituito dal sistema decimale verso la fine degli anni '60.

Contrasti di abbigliamento con stivaletti stile "Beatles" *(appartenenti ai componeti dei Beatbox, una delle migliori Beatles Tribute band italiana)* come usava negli anni '60/'70, e calzature "moderne".

Cap. 16 - La scoperta (tardiva) della Swinging London - 1970

Sconsolata e triste per la separazione dei Beatles, ecco che, nel maggio 1970, ebbi l'incredibile opportunità di andare a Londra: un viaggio organizzato di pochi giorni! Non mi sembrava vero... finalmente, avevo l'occasione di andare davvero in Inghilterra, anche se ormai Londra non era più come 6/7 anni prima, la vera epoca della Swinging London.

I miei amici mi invidiavano, erano perchè erano pochi quelli che prendevano l'aereo allora, e mi riempirono di richieste: chi voleva un poster, chi un cinturone alto con la fibbia/borchia come quello di John Lennon, chi una copia del Melody Maker, chi una minigonna e chi l'album "Let it be!" in Italia non era ancora uscito, e tutte queste cose non c'erano!

Doveva davvero essere un altro mondo quello!

Il termine "Swinging London" risale al 1966. Il settimanale americano Time citò l'aggettivo usato dal direttore del mensile londinese Encounter, il quale tentava di descrivere ciò che stava accadendo da qualche tempo in città. Una traduzione di "swinging" è: libertà di azione e di movimento, ma anche eccitante, piacevole. E questo, certamente, era diventata Londra nella prima metà degli anni '60. La rivoluzione dei costumi toccava l'abbigliamento e le abitudini sessuali, la musica e la politica, la mondanità e il linguaggio.

La Swinging London introdusse vocaboli come "trendy" *(di tendenza)* e la dicotomia "cool" *(letteralmente, fresco; in realtà moderno, attraente)* e "square" (dal vocabolario: quadrato; in effetti retrogrado, chiuso).

Le idee-guida della Swinging London e degli Swinging Sixties erano il divertimento, l'informalità e la gioventù: idee rivoluzionarie, in una società gerarchica come quella inglese. Tutto il periodo si può ricondurre a questi valori (o come dicevano gli adulti, disvalori). Per rendersene conto, basta ricordare i protagonisti della scena: "the scene" era il termine teatrale con cui veniva definito l'insieme delle novità. Mary Quant, una studentessa del Goldsmith's College, creava la minigonna e contribuiva a lanciare modelle che solo pochi anni prima sarebbero state improponibili, come la scheletrica Twiggy, soprannominata in Italia "ramoscello" *(dall'inglese "twig=ramo")*, in un'epoca cha ancora apprezzava molto le maggiorate. Portava la minigonna molto corta, ed occhi truccatissimi con grandi ciglia finte.

Il parrucchiere Vidal Sassoon introduceva tagli sempre più innovativi in campo femminile perchè le mode cambiavano spesso ed ebbe talmente successo da creare una sua linea di prodotti e aprendo negozi in tutto il mondo. Questo "hair stylist" era considerato il creatore dello stile geometrico "Bauhaus-inspired" anche chiamato bob, (quello dei Beatles..) definito grazie al suo stile un "artista, una rock star, un artigiano che ha cambiato il mondo con un paio di forbici". Lo stile Sassoon diventò presto simbolo di libertà e bell'aspetto, e il suo successo gli permise poi di aprire la prima catena di parrucchieri in tutto il mondo, integrate con i suoi prodotti per capelli.

I Beatles, i Rolling Stones e gli Who diventavano modelli di comportamento, e dettavano legge in fatto di moda. Anche in Italia si cominciavano a vedere camicie strette e sgargianti per i ragazzi e poche erano ancora le ragazze che osavano la minigonna; logicamente grandi erano le liti con gli adulti per potersi vestire in quel modo.

Anche se logicamente nel 1970 era troppo tardi per me per visitare Londra e vedere la vera Swinging London - nel '65 *ero considerata troppo piccola per viaggiare* - partii comunque. Alloggiata in un albergo di Piccadilly, cercai di sfruttare al meglio l'unico pomeriggio libero a disposizione.

Londra mi era subito sembrata una città molto civile, con gente educata e garbata; molti gentlemen erano vestiti tradizionalmente, avevano ancora la bombetta *(top hat)* ed erano molto formali nei modi. Bisognava dire “thank you” e “please” di continuo. Ero in un gruppo con tours guidati della città e dintorni ed avevo un unico pomeriggio libero.

Sentivo un feeling fortissimo con quella città e, da quel periodo, diventai completamente anglofila! Ma cosa avrei potuto vedere in quelle poche ore? Abbey Road? No, per il momento, era un po’ lontana, visto che ero da sola per la prima volta a Londra, così mi incamminai spedita verso Carnaby Street. Finalmente l’avrei vista! Ero eccitatissima! Correno, con la piantina in mano, lungo Regent Street: svoltai in Beak Street, ed alla seconda traversa mi sembrò di entrare in un’altra dimensione! In Carnaby Street c’erano solo giovani, i ragazzi avevano tutti i capelli molto lunghi ed anche abbastanza curati, il famoso cinturone con borchia, medaglioni in quantità sul petto, orecchini e bracciali, completi colorati, anche l’abbigliamento maschile si esprimeva attraverso colori, tessuti e accessori diversi. Le ragazze ormai la minigonna l’avevano già quasi dimenticata ed erano per lo più in gonna lunghissima che toccava quasi terra, piene di collane molto belle e platform shoes *(zatteroni)* ai piedi. I negozi, quasi tutti di musica, di oggettistica e moda “giovane” avevano le porte aperte e diffondevano per tutta la strada la musica che piaceva a me ad alto volume, sembrava un’enorme discoteca all’aperto. I prezzi erano abbordabili e feci le mie compere. Quanti posters e gadgets! in Italia ce li sognavamo. Dappertutto l’LP “Let it be” suonava in continuazione e ne presi subito uno, che poi riportai, impacchettato per bene in valigia, in Italia: ebbi il mio momento di popolarità tra i miei amici, che venivano a casa mia per ascoltarlo in “anteprima”!

Feci parecchie foto con la speciale macchina Polaroid, appena acquistata, che permetteva di fare, grossa novità, le foto istantanee. A quei tempi, anche se le foto erano poi trattate con un speciale liquido fissativo, purtroppo negli anni seguenti, svanirono del tutto... come l’atmosfera indimenticabile di quel pomeriggio per me davvero unico.

CAP. 17 - PRIMI ANNI '70 - DALLA BEATLESMANIA ALL'ANGLOMANIA

Con la separazione definitiva dei Beatles finì anche la mia Beatlesmania *(ma... il lupo perde il pelo ma non il vizio!)*. Ero rimasta veramente triste e sconsolata per questo fatto; misi via tutti i loro dischi e non li ascoltai per parecchio tempo.

Però comprai tutti i dischi da solista di John, ed alcuni di Paul e George. Ma ormai era altra la musica che mi interessava; il panorama musicale dell'epoca era veramente vasto. La mia mania si spostò su tutto quanto era made in U.K. Giravo per Genova pensando continuamente a Londra. Londra era la mia idea fissa di libertà ed anche per questo, dopo aver duramente lottato in famiglia, mi iscrissi alla facoltà di Lingue perchè ero portata per quegli studi. Putroppo in Italia allora la lingua si insegnava poco, dando più importanza alla letteratura, così tornai svariate volte a Londra durante l'estate per studiare a fondo l'inglese. Durante quei soggiorni mi innamorai ancora di più dell'Inghilterra. Era lì che volevo vivere.

A quell'epoca fantasticavo di viverci per sempre. La lingua inglese mi continuava ad affascinare, così come la "British way of life" dalla mentalità più civile di quella italiana. Durante i soggiorni di studio estivi andai ancora a Carnaby street e vidi i musicals "Hair" e "Jesus Christ Superstar". Studiavo in modo intensivo all'università, volevo finire velocemente: l'Italia mi stava stretta e volevo andarmene al più presto. Erano i cosiddetti "anni di piombo" e l'atmosfera era di tensione, piuttosto cupa. La musica che mi misi ad ascoltare era, oltre ai lavori dei Beatles come solisti *(mi accorgo di aver seguito prevalentemente John fino all'ultimo album, "Double Fantasy")*, un aggiornamento su tutti gli Stones, The Who, Eric Clapton, Crosby Stills Nash & Young, Eric Burdon and the Animals, Bob Dylan, Deep Purple, Ten Years After, e scoprii con grande entusiasmo i Led Zeppelin.

Bisogna dire che in Italia erano pochi i concerti

da ascoltare dal vivo; i gruppi stranieri non erano molto presenti sui nostri palchi, anche grazie all' esempio del triste concerto dei Led Zeppelin al Vigorelli di Milano nel 1971, pieno di contestatori che erano entrati sfondando i cancelli perchè volevano la musica gratis a tutti i costi, e con la polizia che inspiegabilmente sparò lacrimogeni anche vicino al palco. Musica considerata sovversiva, dunque? Robert Plant cercò di cantare con gli occhi rossi, ma resistette solo per 40 minuti, mentre centinaia di persone si lasciavano andare ad episodi di violenza. In ogni caso il nostro paese venne tagliato fuori, per un certo periodo, dalla musica che piaceva a me. Questo era un fatto veramente sconcertante!

In ogni caso, con i miei amici, riuscii a vedere a Genova, al teatro Alcione, al Palasport e in altre sedi i seguenti gruppi: i Jethro Tull, *(Aqualung/Thick as a Brick)* con un Jan Anderson giovanissimo e dall'aria diabolica, i Gentle Giant, caratterizzati da uno stile fortemente eclettico e sperimentale, che univa elementi jazz e hard rock ad atmosfere medievali e barocche alla ricerca di originali dissonanze, Emerson Lake and Palmer con Keith Emerson, considerato un mago della tastiera e definito "il Jimi Hendrix dell'organo Hammond"… tutti gruppi per me ancora sconosciuti. Poi al cinema: in Piazza Tommaseo c'era il famoso cinema Italia che proiettava films come: "Tommy" e "Quadrophenia" (The Who), "The Song remains the same" (Led Zeppelin), il meraviglioso "Concert For Bangladesh" di George Harrison e… finalmente il film "Woodstock": e non vi dico l'atmosfera in quelle sale… come ci si esaltava… ma io dovevo assolutamente andare a vivere nella terra che aveva visto nascere tutti questi artisti, allora ancora mal considerati dagli adulti… pensate che ancora ci guardavano male se indossavamo jeans e le prime "scarpe da tennis", quelle celebri con le strisce blu.

Le famose scarpe bianche con le tre strisce blu.

CAP. 18 - VERSO AMSTERDAM - 1974

Uno dei barconi olandesi lungo i canali di Amsterdam

L'estate del 1974 fu la più memorabile della mia vita. A giugno del quarto anno ero già laureata in inglese, maggiorenne e padrona delle mie scelte future. Avevo anche conosciuto un bel ragazzo dai capelli lunghi che condivideva in tutto le mie idee ed inoltre pinkfloydiano da sempre, che mi fece apprezzare non solo questo gruppo che in Italia all'epoca ben pochi conoscevano, ascoltando per ore insieme Ummagumma, Atom Heart Mother ed Echoes, ma anche i Moody Blues ed i King Crimson, mai sentiti prima. I Beatles, mi disse, erano ormai "superati"... Dopo un fantastico lungo weekend all'Isola d'Elba, tutto sulle note di Harvest di Neil Young, ("Out on the weekend"), insieme ad altri amici, decidemmo di andare in Olanda, dove lui era già stato, e di proseguire poi insieme per Londra.

Così, con la promessa di ritrovarci ad Amsterdam, mi comprai un grosso zaino militare di tela ruvida, nell'unico posto dove si potevano trovare allora: al mercatino "Shangai" *(tuttora esistente e trasferito poco lontano)* nei pressi di Via Prè (nel Centro

Storico di Genova, il più grande d'Europa); era l'unico tipo di zaino reperibile all'epoca. Non potendo fare l'autostop da sola per un viaggio troppo lungo, salii sul treno per Amsterdam. Lì avevo diversi amici, le cui famiglie, conosciute durante i vari anni di vacanze al mare in Liguria, mi avrebbero ospitata. Durante il viaggio incontrai altri ragazzi francesi ed olandesi vestiti in modo colorato da hippies. Feci amicizia con una coppia di Amsterdam, lei si chiamava Lèonie, chiacchierammo perchè gli Olandesi parlavano correntemente l'inglese, come del resto anche oggi. Non facevamo niente di strano, si rideva, si scherzava e si cantava, ma gli adulti che passavano nel corridoio ci guardavano con disapprovazione, (mi veniva in mente la scena dei Beatles sul treno nel film "A hard day's night!"). Vicino al confine salì una coppia di signori distinti e ci chiesero in francese perchè eravamo vestiti così, cosa cercavamo nella vita, etc. Fu un confronto interessante e garbato! Tutti insieme scendemmo ad Amsterdam.

IL PARADISO ad AMSTERDAM 1974

Amsterdam era una città piena di giovani, prevalentemente hippies, che si radunavano tutti in piazza Dam e dormivano su grandi barconi lungo i numerosi canali che costeggiano il fiume Amstel che attraversa la città *(non a caso definita la "Venezia del Nord)"*. Era stato solo un caso che mi aveva fatto conoscere e frequentare, nelle estati in Liguria, come ho già raccontato in precedenza, i figli di diverse famiglie olandesi con cui avevo tenuto i contatti e mi avevano sempre invitata da loro. Andai direttamente in piazza Dam, il cuore della città, e la prima impressione fu di un'atmosfera molto diversa da quella di Londra, ma questa non era una metropoli, era meno internazionale e meno "trendy", e con il clima umido, nonostante fosse piena estate, per i numerosi canali. In ogni caso era davvero esaltante, essere in quella città così particolare ed unica. Poi raggiunsi Lèonie ed i suoi amici in una bellissima "casa per studenti", completamente gratuita e mi fecero dormire nelle camera di una studentessa loro amica che era in vacanza. Dopo qualche giorno telefonai ai miei amici olandesi, volendo fare loro una sorpresa, ma i loro parenti mi dissero che erano in vacanza in Liguria!

Dovevo immaginarlo, era piena estate! Telefonai allora ad alcuni amici che abitavano a Rotterdam che mi invitarono, e mi fermai con loro parecchi giorni. Mi ospitò la famiglia di un mio amico, famiglia gentilissima nella cui casa si respirava tranquillità e serenità. Non c'erano conflitti con gli adulti, uscivamo sempre la sera per ascoltare musica ed andare nelle birrerie, ma allora non si tornava a casa all'alba come adesso, tornavamo ad un'ora decente e non ci furono mai dissidi. Feci parte di un bel gruppetto di olandesi, simpatici ed ospitali, ma certo non potevo fermarmi più a lungo, così tornai ad Amsterdam dove, incredibile a dirsi, trovai subito ospitalità nella stessa casa per studenti che avevo lasciato prima.

Mi raggiunse dopo poco, dall'Italia, il mio amico pinkfloydiano dai lunghi capelli col quale girai ben bene la città che lui già conosceva, e una sera mi condusse al famoso "Paradiso", il tempio della musica olandese e internazionale di allora. L'edificio che ospita il Paradiso, originario del diciannovesimo secolo, era stato una chiesa fino al 1965, dove la congregazione religiosa "Free Comunity" si riuniva. Si trovava a Weteringschans n.6, nei pressi di Leidsplein, zona ricca di locali ad Amsterdam e da sempre centro del divertimento e dello svago in citta'. Il Paradiso diventò presto uno dei suoi simboli ed ero eccitatissima all'idea di poterci andare!

Infatti nel 1968, periodo in cui Amsterdam era una delle capitali hippie del mondo, il Paradiso era stato riaperto come un entertainment center, sala concerti, luogo di ritrovo e laboratorio teatrale. Era, praticamente, una sorta di centro sociale in cui si sperimentavano nuove avanguardie artistiche e si ospitavano concerti live a prezzi accessibili. Vi suonarono anche Ravi Shankar e i Rolling Stones per citare alcuni tra i più famosi. Passai una serata stupenda, anche se non ricordo i nomi delle bands che vi suonarono sui 3 piani diversi l'uno dall'altro. Ad Amsterdam mi sentivo finalmente libera, "cittadina del mondo". Avevo anche imparato un po' di olandese, lingua difficile. Una incredibile esperienza. Mi piaceva conoscere i luoghi vivendoli così come i loro abitanti, non da semplice "turista". Dopo pochi giorni partimmo finalmente per Londra... il mio primo viaggio on the road!

CAP. 19 - LONDON THE KENSINGTON MARKET 1974

Il Kensington Market di Londra.

Io ero eccitatissima all'idea e decisa a fermarmi là per sempre. Il viaggio Amsterdam-Calais non è lungo, ma in autostop ci impiegammo certamente più del paio di ore necessario. A volte non si fermava nessuno, e dovevamo attendere il passaggio per ore. Io mi innervosivo, avevo fame, sete, sonno etc., ma il mio amico serafico, imbevuto di filosofia buddista/Zen, mi diceva che era un modo per esercitare la calma, il saper attendere. Peccato che poi con gli anni certe convinzioni possano andare via via perdendosi...

Trovammo quindi diversi passaggi, l'ultimo un TIR altissimo che ci lasciò alla periferia di Londra. Non capivo dove ci trovavamo... ora, infatti, toccava a me, che ci ero già stata, fare da guida! Alla fine trovammo una stazione della Tube *(metropolitana di Londra)*, la prendemmo e scendemmo ad Earl's Court Station, dove sapevo che erano affissi in una bacheca gli annunci di camere e bedsits (monolocali) in affitto. Trovammo alcuni lavoretti, prevalentemente in negozi vari, e, dopo aver cambiato diversi alloggi, ci sistemammo in un piccolo bedsit in Queensway (nei pressi di Bayswater e Notting Hill). Contattammo un amico italiano che si era già stabilito là, Giorgio, ed altri che ci andavano spesso come gli amici Alex e Jackie, con i quali eravamo stati anche all'isola d'Elba pochi mesi prima. Fummo presentati ai proprietari italiani di alcuni stalls *(piccoli negozi)* al KENSINGTON MARKET, Dario e Luca, di alcuni anni più grandi di noi, che cercavano del personale per i loro locali.

Situato all'inizio di Kensington High Street, al N.49, in un edificio completamente al chiuso, era il Market di tre piani più famoso del momento, punto di incontro di hippies e rockstars per fare compere, ascoltare musica e fare amicizie. In quegli anni in cui impazzavano i Queen, Freddie Mercury e Roger Taylor avevano anche loro uno stall al Kensington Market.

La Borsa con tasche in jeans patchwork con manico pirografato.

Fui presentata alla proprietaria inglese di uno stall del Kensington che vendeva vestitini colorati cuciti e confezionati da lei, di nome Vivvy, che mi assunse subito. Era una persona straordinaria, lei ed anche il marito, Dave, famoso fotografo, di qualche anno più grandi di noi, che a volte ci invitavano a casa loro. Mi accorsi che tra le inglesi era molto di moda cucirsi gli abiti da sole, e più erano originali, più erano belli... ma dopo aver tentato la confezione di alcune gonne per me, vidi che non ero portata per la macchina da cucire e mi misi a lavorare all'uncinetto maglioni colorati e scialli, tops di cotone e di lana che indossavo con orgoglio, poi col mio ragazzo cucimmmo insieme varie cose tra le quali la borsa di jeans a patchwork con maniglia pirografata visibile in fotografia e che conservo ancora gelosamente. Presi lo spunto dalle molte che erano di moda allora, ma la mia era unica, davvero!

Furono mesi meravigliosi. I giorni si susseguivano tra musica, allegria e spensieratezza via via che l'estate finiva e si avvicinava l'autunno. La mattina lasciavamo il nostro flat, attraversavamo i Kensington Gardens ancora immersi nella bruma mattutina, ed arrivavamo al Kensington Market, dove ognuno apriva il proprio stall alle 10, per poi chiudere alle 6 di sera, sabato compreso, con un'ora scarsa per il lunch. Ma quello non era un lavoro, per me era divertimento e finalmente vita vera, invece di stare rinchiusa a studiare con l'ansia per gli esami.

Il logo di Vivvy

Infatti avevo studiato duramente fino ad allora, ma il lavoro al Market, a contatto con clienti di tutto il mondo, mi diede un'opportunità meravigliosa per perfezionare la comprensione della lingua. Lavoravano negli stalls molti italiani, indiani, pakistani, inglesi, di tutte le nazionalità insomma. Molti italiani poi andavano ad aprire negozi in Italia, iniziando così il diffondersi poi di quella moda anche da noi. Nello stall di Vivvy, circondata da abitini e camicette colorate, lavoravo da sola ma gli stalls erano tutti aperti e molto vicini, ed il mio ragazzo stava in un altro accanto a me di proprietà dei due italiani Luca e Dario, e vendeva giacche e cappotti di pelle. Essi vivevano lì ormai da diversi anni, dopo essersi formati una famiglia, e ci raccontarono di quando avevano assistito ai primi concerti di Jimi Hendrix allo Speakeasy. Naturalmente conoscemmo tanti altri amici, di tutte le nazionalità.

Come descrivere questo luogo meraviglioso e storico, il Kensington Market, demolito da poco, nel 2001, dopo aver poi, negli anni successivi ospitato la moda dei punks, new Romantics, (ci tornai infatti poi da visitatrice negli anni '80) Heavy metal, Gothics, e varie sottoculture musicali, moda, hair stylists, body art? Erano tre piani zeppi di stalls, uno più interessante dell'altro; nel 1974 si vendevano vestiti, dischi, gadgets di ogni tipo, giacche di pelle, moda hippy di vario genere, stivali e scarpe rigorosamente con zeppe altissime, braccialetti, collane, profumi, il patchouli in primo luogo, anzi tutto il market odorava di patchouli ed ogni stall sparava la propria musica: impazzava allora "Layla" e "I shot the Sheriff" (Eric Clapton). Ancora adesso se ascolto non posso fare a meno di associarle a quel luogo, visto che si ascoltavano quasi tutto il giorno. Una volta entrò un ragazzo alto, albino… con i lunghi capelli bianchi, era uno dei fratelli Winter *(Johnny o Edgar)*, famosi musicisti e polistrumentisti americani. Le rockstars erano intorno a noi, ma sembrava una cosa assolutamente normale. Non si pensava di vivere un'epoca storica, ma di essere riusciti ad andare a vivere in uno dei posti più trendy ed interessanti di Europa. Per la strada sfrecciavano Rolls Royces coi vetri offuscati, ospitanti celebrities varie. Di fronte al Kensington Market c'era il Megastore Biba, molto famoso all'epoca. Aveva sette piani e settimanalmente attirava un milione di clienti, rendendolo una delle più famose attrazioni per turisti di Londra. C'erano diversi reparti, ciascuno col proprio tema, di moda, foodstore, bookshop, etc, per bambini, per uomini, una libreria, un supermercato di cibi sfiziosi, ed ognuno aveva il suo logo, basato su quello di Biba ed un disegno raffigurante il reparto stesso col design di tipo Art-Deco, molto interessante ed innovativo per quegli anni. Al 5° piano si trovava "The Rainbow restaurant", destinato ad una elite di rockstars, ma non solo...

Nel 2011 venne decisa la demolizione ed oggi, dove sorgeva il Kensington Market, si trova una targa con la scritta: "Grazie a tutti i clienti per la gloria del passato".

Il validissimo furgone Fiat 850 trasformato in camper con il quale abbiamo girato gran parte dell'Inghilterra e della Scozia.

CAP. 20 - LONDON 1974 THE MARQUEE

Il palco del Marquee, noto locale di Wardour Street a Londra frequentato in una delle serate negli anni '70

Innumerevoli erano le proposte per passare le serate a Londra, e la rivista "TIME OUT", settimanalmente, offriva un panorama abbastanza vasto degli spettacoli da vedere. Ce n'era naturalmente per tutti i gusti: teatro, cinema, musica, classica, rock, corsi di tutti i tipi, anche semigratuiti, che andavano dalle lingue straniere al cucito alla cucina macrobiotica; frequentammo per un po' alcuni corsi, ma per forza di cose, essendo la metropoli così estesa, ci limitavamo poi per lo più alla nostra zona, tranne naturalmente per i concerti di artisti famosi.

Avevo sentito tanto parlare del MARQUEE, un music club di antica tradizione. Dapprima era stato aperto a Soho, dove nel 1956 ebbe vita la scena skiffle e verso la fine degli anni '50 vi fiorì una serie di famosi locali che offrivano concerti di jazz e skiffle. La maggior parte di questi chiusero poi con l'andare degli anni e fu solo il Marquee che sopravvisse a lungo, adeguandosi ai gusti che cambiavano offrendo nuovi generi musicali, in linea con le mode che emergevano, tra tutte il rock progressivo e la new wave.

Dal 1958 fu trasferito in Oxford Street, aperto da un appassionato di jazz e blues che veniva dal Merseyside, che portò addirittura concerti di Muddy Waters. Il locale ebbe subito un grande successo con il jazz, al venerdì sera come ospiti fissi aveva i jazzisti della Johny Dankworth Orchestra e la Alexis Korner's Blues Incorporated. Nel 1962 iniziò le serate dedicate al rhythm and blues con lo stesso Korner e Cyril Davies, che debbono parte del loro successo iniziale a questo club.

Nel 1963 i Rolling Stones cominciarono a suonare in pianta stabile al club come gruppo spalla di altre band di rhythm and blues. Era questo che mi interessava di più. Wow! Entro fine anno Brian Auger, John Mayall and the Bluesbreakers, gli Yardbirds con Eric Clapton ed il leggendario bluesman americano Sonny Boy Williamson ebbero una serata settimanale fissa al Marquee. Con l'affermarsi del blues in questo periodo le serate jazz cominciarono a diminuire.

Alla fine del 1963 il locale si trasferì al n° 90 di Wardour Street, e la serata d'apertura vide l'esibizione di Williamson, gli Yardbirds, Long John Baldry e gli Hoochie Coochie Men con Rod Stewart. Naturalmente ci fu un pienone e ben 600 persone dovettero restare fuori.

Per i 24 anni successivi, il locale ospitò quasi tutte le più grandi rock bands. Negli anni '60 e '70, tra gli altri, suonarono al Marquee: Graham Bond (registrando un LP durante la sua esibizione nel locale), Pink Floyd, The Who, David Bowie, Led Zeppelin, Soft Machine, The Rolling Stones, Van der Graaf Generator, Jethro Tull, Dire Straits, AC/DC, Jimi Hendrix, Queen e Yes.

Si può capire con che emozione la prima volta entrai al MARQUEE di Wardour Street. Nelle stretto ingresso c'erano le foto autografate delle esibizioni dei Rolling Stones, Who, Yardbirds, etc., e il locale, piuttosto piccolo e disadorno, sembrava piuttosto un pub dove i giovani si accalcavano sudati scolandosi fiumi di birra a non finire in grandi bicchieri di plastica a forma di pinta.

Ci andavamo spesso, anche se ero stanca dal lavoro, quando si esibivano vari gruppi rock; l'atmosfera era sempre calda, si poteva ballare sotto il palco scatenandosi tutta la sera. Posti a sedere: pochi! A volte iniziavano piccole risse opportunamente interrotte dai numerosi buttafuori. Avevo l'opportunità di ascoltare ottimo rock dal vivo, anche se naturalmente non ricordo i nomi dei gruppi che vidi. Quel locale resta nel mio cuore come il divertimento "in assoluto".

CAP. 21 - LONDON CONCERTS 1974: CROSBY STILLS NASH & YOUNG

David Crosby e Graham Nash fotografati al concerto dell'Odeon di Hammersmith (Londra) del 27 settembre 1976.

Intanto i mesi passavano spensieratamente, arrivava l'inverno ma in quella estate "allungata" del 1974 non ci decidevamo proprio a tornare in Italia!

Oltre a lavorare al Kensington Market avevo trovato un part time job serale, 2 volte la settimana, in una scuola privata di Lingue in Shaftesbury Avenue. Cosa facevo? avevo due classi di inglesi, americani ed australiani che volevano imparare l'italiano! Fu una esperienza interessante insegnare la nostra lingua e rendersi conto di come la grammatica sia difficile per un madrelinguista inglese.

Gli "studenti" erano tutti più grandi di me che avevo solo 23 anni, ma ce la misi tutta per aiutarli a capire; chi voleva seguire l'opera lirica in originale, chi voleva fare bella figura col fidanzato italiano.... insomma... ricordo lo stupore di un'allieva australiana quando spiegai che "il lo la, i gli le" traducevano tutti l'articolo "the"... si arrabbiò, davvero urlando e protestando.

CSN&Y

David Crosby, Graham Nash, Stephen Stills e Neil Young sono stati un supergruppo statunitense *(Nash era però originario di Blackpool, in Inghilterra e Young di Toronto in Canada)* di grande notorietà negli anni '70. Si erano messi insieme dopo che ognuno di loro aveva fatto parte di gruppi in "concorrenza" ai Beatles come i Byrds, gli Hollies e i Buffalo Springfield. Resi celebri in tutto il mondo con la partecipazione al famoso festival di Woodstock del 1969, incisero, tra gli altri, due dischi entrati nella storia della musica: "Déjà vu" e il doppio live "4 Way Street". Hanno suonato fino ai giorni nostri, sia con altre formazioni che come trio o duo e facendo tours anche in Italia.

I concerti da vedere, intanto, erano tantissimi; poteva accadere che in una stessa sera suonassero in contemporanea diversi tra i gruppi e musicisti e più famosi. La scelta era proprio imbarazzante. Come ci si procurava i biglietti?

Semplicissimo, a Londra: arrivavano comodamente per posta, dopo aver inviato i soldi in una busta, e naturalmente nessuno rubava nè soldi nè biglietti.

Ricostruendo la storia di alcuni dei concerti da noi visti, con l'aiuto delle foto ed i biglietti che abbiamo conservato, il primo concerto importante a Londra che capitò nel periodo in cui ci abitammo fu quello di David Crosby, Stephen Stills, Graham Nash and Young, sabato 4 settembre 1974, all'Empire Stadium, Wembley.

Il biglietto, comprato nel 1974, per andare a vedere il concerto di Crosby, Stills, Nash & Young Nash all'Empire Stadium di Wembley a Londra.

Special guests: Joni Mitchell, The Band, Jesse Colin Young!

A quell'epoca non mi resi conto dell'importanza storica di quell'evento. Seduti e sdraiati sull'erba dello Stadium con amici, eccitati alla sola idea di vedere live CSN&Y, che si vedevano raramente in tv, prestammo poca attenzione

ODEON HAMMERSMITH Tel. 01-748-4081
Manager: Philip Leivers
John Reid presentations present
An Evening with CROSBY & NASH
EVENING 7-30 p.m.
Monday, Sept. 27th, 1976
CIRCLE
£2·00
BLOCK
4
SEAT
I X34
NO TICKET EXCHANGED NOR MONEY REFUNDED
This portion to be retained
No re-admission

Il biglietto, comprato nel 1976, per andare a vedere il concerto di David Crosby & Graham Nash all'Odeon di Hammersmith a Londra

alla Band, che tra l'altro suonò "The Weight", "Night They Drove Old Dixie Down, e "Cripple Creek". Poi Joni Mitchell eseguì la sua parte in acustica e al piano pezzi dall'LP "Court and Spark", inoltre "Woodstock", "Big Yellow Taxi" and "This Flight Tonight"... In realtà arrivammo al Wembley Stadium alla mattina presto e i concerti durarono fino a notte inoltrata, come si può vedere dagli orari sul biglietto.

CSN&Y infine... eccoli! suonarono per ore; meravigliosi pezzi, erano incredibili, coinvolgenti e molto professionali! Ci furono canzoni che non conoscevo, ma quando attaccarono "Love the one you're with" si scatenarono tutti! I più fortunati erano seduti su panche di legno, ma eravamo tutti in piedi, urlando e cantando con loro.

C'erano circa 70.000 persone.

La scaletta musicale era: Love the One You're With, Wooden Ships, Immigration Man, Helpless, Military Madness, Johnny's Garden, Traces, Almost Cut My Hair, Teach Your Children, Only Love Can Break Your Heart, The Lee Shore, Time After Time, It's All Right, Another Sleep Song, Our House, Hawaiian Sunrise, Star of Bethlehem, Love Art Blues, Old Man, Change Partners, Blackbird, Myth of Sisyphus, Word Game, Suite: Judy Blue Eyes, Déjà Vu, First Things First, Don't Be Denied, Black Queen, Pushed It Over the End, Pre-Road Downs, Carry On, Ohio.

Non si può descrivere lo spirito di quel concerto! Indimenticabile!

CAP. 22 - LONDON CONCERTS 1974 (&78): TANGERINE DREAM

RAINBOW THEATRE
FINSBURY PARK General Manager : D. J. COUNTER
VIRGIN CONCERTS LIMITED present in Concert
TANGERINE DREAM
Plus Supporting Band
EVENING 7-30
SATURDAY, OCTOBER 26th, 1974
STALLS
£1·40
Incl. VAT
Z44

Il biglietto del concerto, comprato nel 1974, dei Tangerine Dream visti al Rainbow Theatre di Londra

Al mio ragazzo era sempre piaciuto il cosiddetto Krautrock. Così era chiamata dalla stampa e critica angloamericana la scena musicale, costituita dai gruppi attivi in Germania negli anni '70. E così mi raccontò di coloro che producevano in varia misura forme musicali nuove sulla base del rock progressivo o della musica elettronica tedesca *(ad esempio Karlheinz Stockhausen)* dei decenni precedenti. La definizione comprendeva gruppi spesso diversi tra loro, che spaziava dallo sperimentalismo alle influenze cosmiche dei Tangerine Dream e dei Cluster, alle anticipazioni di New Age degli Ash Ra Temple e dei Popol Vuh, ai "precursori" techno Kraftwerk fino al rock apocalittico degli Amon Düül. Alcuni componenti come Klaus Schulze furono tra i più importanti innovatori di questa straordinaria *"new wave"*, non solo egli suonò agli inizi con i Tangerine Dream, ma fu tra i fondatori degli Ash Ra Temple.

Piuttosto perplessa all'ascolto di questa musica, ero curiosa di ascoltarla dal vivo quando prendemmo i biglietti per il concerto dei Tangerine Dream, il 26 ottobre; infatti il gruppo nell'autunno fece un tour di tre settimane. Andammo in metropolitana al Rainbow Theatre, Finsbury Park, un viaggetto simpatico insieme ad altri fans.

Il nome del gruppo sembra derivi dalle due parole "Tangerine Dream", come omaggio agli "influssi onirici" della canzone "Lucy in the sky with diamonds" nel disco Sgt. Pepper's Lonely Hearts Club Band dei Beatles, dove si parla di "Tangerine trees". Ancora i Beatles...

Essi sono tra i fondatori della cosiddetta “musica cosmica” *(Kosmiske Musik)* che dal 1971 rivoluzionò la musica elettronica e con i loro sintetizzatori anticiparono di decenni la new age, passando per il rock-psichedelico-onirico-synth-pop degli anni 80 *(con l’uscita di Ricochet nel 1976 verranno anche definiti, forse impropriamente e riduttivamente, come i “Pink Floyd tedeschi”).* Quello fu l’inizio dell’epoca più creativa dei Tangerine Dream, che mostravano sempre maggior abilità nell’usare questi particolari strumenti elettronici che erano una grossa novità per l’epoca. Essi seguirono il loro album, “Phaedra” che rimane uno dei successi più importanti del gruppo.

La stampa descrisse quel concerto “un’esperienza affascinante” ed il Melody Maker li definì “tra le band più promettenti al mondo”; già John Peel nell’anno precedente aveva scelto il loro “Atem” come album dell’anno, mentre ovunque si sentivano le famose “Tubular Bells” di Mike Oldfield, il primo disco della Virgin records che fece la fortuna di Richard Branson e per la quale incideranno anche i Tangerine Dream. Egli fondò la casa discografica, con sede nel retrobottega di un negozio di dischi in Notting Hill, a Londra, e che ricordo come se fosse ieri (ma era il 1978), per averlo notato in quanto in vetrina esponeva un disco dei Rokes.

Il concerto eseguito da Edgar Froese, il fondatore ed unico componente rimasto fino ai giorni nostri *(all’inizio, qualche critico, vedendolo con tutte quelle manopole, lo considerò poco più che un elettricista...)* con Chris Franke e Peter Baumann che manovravano con maestria i sintetizzatori si svolse quasi al buio e nel silenzio più assoluto, e devo ammettere che ci impressionò moltissimo.

Tornammo a vederli qualche anno dopo, sempre a Londra nel marzo del 1978; avevamo capito l’impatto che avrebbero avuto sulla musica e gli artisti futuri *(tra questi ci fu David Bowie con i quali condividerà anche alcune eperienze)*, anche se non avremmo immaginato che sarebbero stati famosi fino ai giorni nostri facendo uscire oltre 100 album!

CAP. 23 - LONDON CONCERTS 1974 (77/80): THE PINK FLOYD

Fotografia dal concerto dei Pink Floyd a Londra del 1974.

A novembre fu la volta dei Pink Floyd! Si trattava del British Winter Tour del 1974 al Wembley Empire Pool. Come resistere ad una simile occasione?

All'epoca, e negli anni precedenti, ascoltavamo soprattutto questa musica così innovativa e non stavamo più in noi dalla gioia di ascoltarli live.

Prendemmo il biglietto come al solito, spedendo le sterline nella busta e ricevendoli quasi subito i *(la Royal Mail funzionava anche in mezza giornata)*. Sul biglietto da noi conservato, leggo Row 0, seat 18, ed era la seconda entrata, di sopra in galleria, comunque si vedeva ed ascoltava benissimo. Fin dal percorso in metropolitana notavo la differenza tra il pubblico dei vari concerti: questi dei Pink Floyd erano per la maggior parte silenziosi e calmi. Nessuno aveva più di 30 anni ed il capello lungo e l'abbigliamento pittoresco erano d'ordinanza.

Pink Floyd

I Pink Floyd sono stati il più affascinante insieme di talenti musicali della storia del rock insieme ai Beatles. Il gruppo fu fondato, nel 1965, da Roger Waters, Syd Barret, Richard Wright e Nick Mason. Dave Gilmour arrivò in seguito e nel '68 sostituì Syd Barret che manifestava problemi psichici. La loro musica, dai primi anni psichedelica per diventare progressivve-rock, ha ispirato generazioni di artisti e molte sono le Tribute bands che portano avanti la loro musica. Tra i dischi più significativi si possono citare: Ummagumma (1969), Atom Heart Mother (1970) e Meddle (Echoes 1971), I wish you were here (1975). Nel 1973 uscì il disco ""The Dark Side On The Moon", è rimasto in classifica per decenni. E' stato tolto d'autorità ma ancora oggi vende moltissime copie! Nel 1979 usci il concept album "The wall" che fu accompagnato dal grandioso spettacolo dei concerti e dall'omonimo film. I PF hanno raggiunto, nel 2008, il primato di vendite di 250 milioni di dischi. Loro musiche furono usate anche nel cinema come nel film "Zabrieskie Point" di M. Antonioni. Ma l'indimenticabile, ineguagliabile, mitica performance dal vivo rimane una delle più "antiche", anche per il luogo dove si svolse: quella dell'anfiteatro "Live at Pompei".

La coda, obbligatoria per entrare, rispettata sempre a Londra, *(nessuno con scuse varie cercava di fregare il posto)* era ordinata, il pubblico silenzioso e attento, e l'atmosfera diversa dalla solita di tipo "rockettaro".

I Pink Floyd si dimostrarono dei professionisti eccezionali, puntualissimi, precisi e affascinanti. L'emozione nell'ascoltare questi grandissimi artisti fu immensa. Avevo avuto la fortuna di vederli in forma smagliante, giovani e nei fantastici anni d'oro della loro carriera.

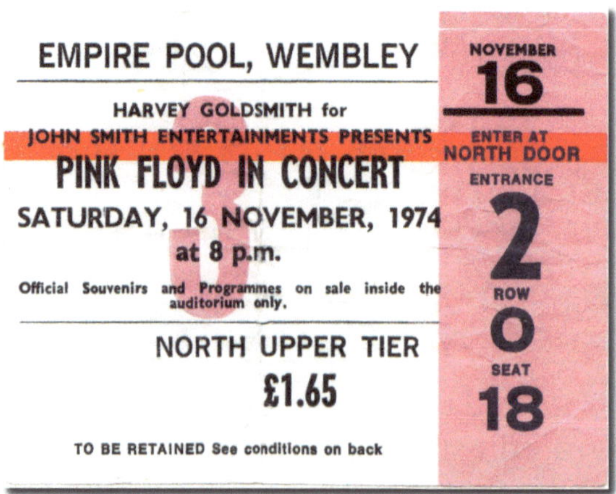

Il biglietto del concerto dei Pink Floyd, comprato nel 1974 per l'ingresso all'Empire Pool di Wembley a Londra.

Nella prima parte dello show essi suonarono nuove composizioni, in prevalenza liriche di Waters, che segnavano una svolta rispetto agli esordi psichedelici.

La cosa più curiosa

era la sfera di cristallo sospesa sopra di noi, emanante mille riflessi, novità assoluta a quei tempi e che sarà presente negli anni seguenti nei loro concerti, accompagnata dallo schermo con le immagini spesso surrealiste alla Magritte.

Nella seconda parte dello spettacolo i Pink Floyd eseguirono "The Dark Side On The Moon". La band era impeccabile e si esibì magificamente, con un suono diverso rispetto alla versione su LP. Fu poi la volta di "Time" con un vibrante assolo di Gilmour e una "Money" energica e molto incisiva. Da brividi la parte centrale del brano, con il pubblico che batteva le mani assieme agli strumenti e il verso finale "there is no dark side of the moon, matter fact it's all dark" con moltissimi applausi. Ascoltammo "Wish you were here", indimenticabile davvero. La serata vedeva la sua conclusione con l'emozionante "Echoes", eseguita con il massimo degli effetti musicali e scenici. What a night!

Il 16 novembre, quella sera, lo spettacolo fu registrato dalla BBC Radio One e poi trasmesso in uno show televisivo nel gennaio 1975. Fu il primo dei tre concerti dei Pink Floyd che vedemmo a Londra. Il secondo," Animals", nel '77 ed il terzo," The Wall", nel 1980. Un'opera ancora diversa che darà origine anche ad un film e a concerti con la messa in scena più grande della storia del rock.

La musica dei Pink Floyd ha accompagnato i sogni e gli ideali di molti ragazzi della nostra generazione ma riescono ancora oggi a creare suggestioni e ad emozionare nuovi fans.

Ma questa è un'altra storia...

Il biglietto dei Pink Floyd del 18 marzo 1977 acquistato per il concerto dell'Empire Pool di Wembley a Londra.

Cap. 24 - The Last London Concerts 1974

La locandina del concerto dei Quintessence nel 1974.

Ho recuperato questo biglietto che racconta come, a Natale, andammo allo Special Christmas concert of Love & peace, in Euston Road. Suonavano i Quintessence, una band che si era formata nel 1969 proprio a Londra, a Notting Hill. Lo stile era un misto di jazz, rock psichedelico e progressivo con influenze musicali indiane! *(Raga rock)*. Un mix davvero notevole. Quell'anno ero anche andata al concerto degli Uriah Heep all'Hammersmith Odeon, il 27 ottobre, in promozione del loro album Wonderworld, con Peter Frampton ancora come supporting band! Il genere era denominato "Heavy Progressive" e la band si esibì nella sua formazione classica di "The Magician's Birthday" del 1972, "Uriah Heep Live" e "Sweet Freedom" nel 1973, e infine di Wonderworld nel 1974. Tutti questi album li resero famosi e conosciuti a livello internazionale. Ci andai con un amico, visto che il mio ragazzo non ne voleva sapere. L'atmosfera era di pura esaltazione, confusione massima, rock da urlo! Naturalmente non conservai il biglietto: se non ho quello dei Beatles, figuriamoci questo! Non ho l'animo della collezionista e sono disordinata *(I biglietti che vedete li ha conservati lui)*. Poi non avrei mai e poi mai pensato che avrebbero destato molto interesse negli anni che seguirono.

Ma il tempo passava e per svariati motivi dovevamo rientrare in Italia. Ahimè, non si poteva restare a Londra per sempre. Così nei primi mesi del 1975, con grande nostalgia e rassegnazione, ce ne tornammo in Italia, ognuno a casa propria, perchè la convivenza all'epoca era considerata assolutamente scandalosa.

CAP. 25 - RITORNO IN ITALIA E ...PARTENZA PER LONDRA!

Ritornare in Italia dopo sei mesi consecutivi trascorsi a Londra negli anni '70 nel modo che ho narrato finora fu piuttosto sconcertante.

Mi davano fastidio il rumore, la luce eccessiva, il modo di comportarsi di certi italiani. Mi ero abituata a parlare in tono sommesso perchè gli inglesi parlavano piano ed in modo pacato, così tutto quell'urlare e gesticolare degli italiani mi irritava. In Inghilterrra d'inverno era ormai buio nella prima metà del pomeriggio, e tutta quella luce mediterranea così all'improvviso mi accecava. Inoltre avevo parzialmente abbandonato i vestiti multi-coloured per indossare un abbbigliamento normale, altrimenti per la strada si giravano a guardarmi. C'erano anche tante altre cose che non mi piacevano della società italiana, e dopo alcune esperienze lavorative non proprio felici, cominciammo a progettare un altro soggiorno a Londra. Meglio organizzati, però, questa volta.

Avevamo visto tanti ragazzi spostarsi, liberi e indipendenti senza problemi di alloggio, su bellissimi furgoni Volkswagen trasformati in "case viaggianti". Decidemmo così di prendere un furgone Fiat 850, verde, e adattarlo a "camper". Il mio compagno misurò gli spazi interni, fece un progettino su misura, e comprò diversi materiali. Lavorò parecchio al montaggio del mobiletto cucina, completo di lavello con serbatoio e pompa, del letto doppio a scomparsa che di giorno si trasformava in divanetto *(tutto fatto a mano, allora non c'erano negozi di accessori...)*, luci antinebbia ed emergenza, portapacchi in tubolare. Lo completammo con tendine, piumone, decorazioni varie, ed eravamo pronti per un'altra avventura!

Nel 1975 diventava così quasi sicuramente l'unico "Camper Fiat 850" a girare in Italia, dove i primi modelli di camper già attrezzati *(esisteva qualche Fiat 238 ma era ben più grande)*, in genere di provenienza estera, furono importati solo dal 1970.

Fu proprio in Inghilterra che nacque, nel 1885, l'idea della casa su ruote da parte di Gordon Stables che attrezzò una carrozza ferroviaria adattata e tirata da cavalli.

Fu così che nella primavera del 1976 partimmo. Giunti a Calais, sulla Manica, ci imbarcammo sul traghetto per Dover e le sue bianche scogliere. Ci fermavamo a dormire dove capitava, in genere nei parcheggi degli autogrill, senza farci problemi.

A Londra ci ospitarono degli amici, in attesa di trovare sistemazione adeguata, un lavoro serio e diventare veri cittadini inglesi. Sui miei documenti italiani c'era una scritta bollata: "espatriata", ed in breve ebbi il mio Residence Permit, che conservo tuttora. Mi sentivo cittadina inglese a tutti gli effetti. Studiammo per ottenere la patente inglese; l'esame era molto più difficile che in Italia e il mio compagno lo superò subito; io fui bocciata all'esame di pratica, c'erano molte prove insolite che mi confondevano, figuriamoci poi con la guida a destra.

Così fu sempre lui a guidare a Londra e nei vari viaggi che facemmo poi in giro per l'Inghilterra e la Scozia.

Da Genova a Stonehenge e poi Londra con un Fiat 850 preparato a camper dall'autore delle foto con creazione e montaggio di mobiletto cucina, letto doppio a scomparsa in divanetto, lavello con pompa dell'acqua e serbatoio a batteria, luce antinebbia ed emergenza... etc.

CAP. 26 - VITA A LONDRA: 1976/78

Ci sistemammo in un bedsit abbastanza grande in Kensington ed iniziai a cercare lavoro. Può sembrare incredibile, ma nella prima Job Agency dove entrai mi assunsero subito. Infatti cercavano qualcuno che sapesse l'italiano per fare da interprete/traduttore in una ditta, che era la filiale inglese dell'Italsider, e che si chiamava Siderital Ltd. La sede era in una strada laterale proprio di fronte a Marble Arch, raggiungibile da dove abitavamo con il bus 73.

Io veramente avrei voluto lavorare in una "Company" tutta inglese, ma l'occasione era ottima, così mi ritrovai in un ufficio moderno ed accogliente, con personale giovane e gentile, che mi accolse subito bene. Fu in quell'ufficio che imparai davvero a parlare correntemente e capire l'inglese parlato, la cosa più difficile, come sapete, per un italiano. Infatti avevo a che fare, di persona o al telefono, con clienti di diverse nazionalità, ognuno col proprio accento e le proprie richieste, e bisognava capire al volo. All'inizio fu dura, ma poi mi abituai e piano piano mi cominciai ad esprimere nell'accento proprio dei Londinesi *(quello di Mick Jagger, per intenderci).*

Negli uffici inglesi si lavorava, ma in modo più tranquillo e meno stressante che in Italia. Avevo diverse amiche con cui trascorrere le ore del lunchtime: ricordo la carissima Clova, una giamaicana sempre allegra e rilassata, con cui andavamo a mangiare qualcosa da Oodles, un self service di cibo "organically grown", cioè "biologico" come si direbbe adesso. Questa è una delle novità che arrivarono in Italia 25 anni dopo che le avevamo sperimentate a Londra.

Allora forse questo modo di nutrirsi era più sano, a casa cercavo poi di cucinare macrobiotico e diventammo anche vegetariani. A Londra c'erano tantissimi negozi di cibo biologico e ristoranti vegetariani, che arrivarono in Italia, come una moda, solo una ventina di anni dopo.

Un'altra amica, Jean, era scozzese e simpaticissima; il suo accento, difficile da capire all'inizio, mi diventò ben presto familiare. Fu così che imparai... sul campo!

Il mio compagno trovò lavoro in diverse ditte inglesi ed avevamo così tutte le sere libere, dopo le 17, ed i weekend per svagarci e continuare ad assistere ai concerti, anche fuori Londra ormai, disponendo del van, ed univamo così l'aspetto turistico a quello musicale.

Tornammo a vedere Crosby&Nash all'Hammersmith Odeon il 26 settembre 1976, come pure i Pink Floyd con Animals, il 18 marzo 1977 al Wembley Empire Stadium, dove un enorme "pig" ci volteggiava sopra la testa e l'atmosfera era la stessa del primo concerto, anche se preferivo naturalmente "The Dark side of the moon".

La nostra casa era spesso piena di nuovi amici sia inglesi che italiani residenti a Londra che ci venivano a trovare, e davvero devo dire che fu un bellissimo periodo della mia vita. La sera frequentavamo locali e tornavamo al Marquee che aveva sempre il suo fascino... ma...

...una sera del 1977 ebbi l'idea di andarci da sola, per sentire un po' di musica dei gruppi che erano soliti suonare lì. Appena entrata, ecco una scena completamente diversa: i ragazzi molto giovani con giubbotti di pelle, borchie e spille al naso, alle orecchie, alle guance e in altre parti del corpo, che avevo già visto in giro per Londra, si erano dati tutti appuntamento lì quella sera. Evidentemente suonava un gruppo Punk e non me ne ero accorta. Era la prima ondata quella, ovvero il Punk '77. I Sex Pistols, i Ramones e gli Stranglers furono i primi gruppi punk che si formarono a Londra in quegli anni, sulla scia del movimento in U.S.A.

Giovani punks a Londra

Il Punk Rock

Nell'ottobre del 1976 furono The Damned a rilasciare il primo singolo punk rock di una band inglese, con il nome di New Rose ed il mese successivo fu la volta dei Sex Pistols con il singolo "Anarchy in the U.K.". I loro testi trattavano temi come il disagio sociale, il disordine, l'anarchia, contro le istituzioni e i governi. Nel dicembre di quell'anno i Sex Pistols, The Clash, The Damned e The Heartbreakers intrapresero il cosiddetto Anarchy Tour, una serie di concerti per tutto il Regno Unito. Il tour non ebbe però molta fortuna, infatti molte date furono cancellate dato che i mass media riportarono il comportamento violento delle bands e soprattutto dei loro fans durante i concerti.

Poi seguirono "The Damned", "The Vibrators", "Siouxsie and the Banshees", "The Adverts", i London, e i "Chelsea", che diventarono i "Generation X".

Comunque quella sera rimasi al Marquee così sorprendentemente cambiato, in mezzo a quei ragazzi che avevano pochi anni meno di me e che per la verità chiacchieravano, bevevano e fumavano tranquilli ascoltando la loro musica; musica che poi non mi dispiaceva, ricca di una nuova carica molto forte, ma mi fece riflettere a lungo sul fatto che il periodo d'oro della musica e degli artisti che amavo stava ormai tramontando.

A Londra in quegli anni avevamo anche l'opportunità di seguire, quasi gratis, corsi di vario tipo ed interesse con vari esperti: allora non c'era l'obbligo di far soldi a tutti i costi. Seguimmo insieme un corso di spagnolo, ed il mio compagno uno di fotografia. Io andai a corsi di yoga, meditazione trascendentale, cucina macrobiotica... praticamente spendendo pochissimo.

Il sabato mattina, spesso da sola, mi incamminavo per Portobello Road, scendendo alla fermata di Notting Hill, *(qui trascorse i suoi ultimi giorni il grande chitarrista Jimi Hendrix)*.

Rita alla ricerca di cose interessanti a Portobello Road *(nel quartiere di Notting Hill, Londra, qui abitava Jimi Hendrix e c'era il primo negozio della Virgin Records)*

La grande varietà dei frequentatori e l'abbondanza di ristoranti e pubs rendevano quello street market allora vitale, cosmopolita ed assolutamente unico nel suo genere.

Questa per me era un'avventura sempre diversa perchè mi portava ad incontrare persone interessanti, a scovare nei negozietti e bancarelle varie oggetti e capi di abbigliamento molto originali e da poche sterline. L'atmosfera era sempre frizzante, alternativa, con street buskers che suonavano in ogni angolo a rallegrare il tutto. Conservo ancora due quadretti a specchio dell'epoca.

I negozi di Kings Road

I nomi di Kings Road godevano di fama internazionale: la stilista Mary Quant proprio a Kings Road aveva aperto nel 1966 il negozio 'Bazaar' (la sua minigonna fu una vera e propria rivoluzione nei costumi sociali della città), mentre in quel periodo, 76/78, si facevano strada le prime ondate punk di Vivienne Westwood *(insieme a Paul Smith, una delle maggiori stars della moda inglese che contribuì all'apertura di negozi di abbigliamento)*. La tendenza fu subito creata, vennero presto inaugurati nuovi negozi e atelier alla moda, frequentati da bella gente e giovani trendy. Furono aperte nuove attività di ristorazione e di divertimento notturno, che a loro volta davano avvio ad una nuova era per l'antica strada del Re.

Andavo spesso con grande entusiasmo anche in King's Road, una delle principali via dello shopping di Londra. Negli anni '60 la strada era diventata la versione elegante di Carnaby Street. Là erano nati i primi negozi alla moda, quelli della prima minigonna e più tardi, quelli dell'incredibile ondata punk londinese di cui ho scritto in precedenza.

Questa strada offriva quindi una scelta di negozi favolosi di abbigliamento; ascoltavo la musica dappertutto ed ammiravo capi meravigliosi, guardavo, entravo, provavo, ricordo l'acquisto di un completo con gonna a balze e top coordinato multicolore.

Per l'Hi-Fi ce ne andavamo spesso insieme a Tottenham Court Road, dove c'erano molti negozi che esponevano le ultimissime novità anche in campo fotografico, spesso in anteprima europea.

Cap. 27 - Echi Beatlesiani 10 anni dopo...

Il bus double decker N. 73

Dall'upper deck dell'autobus a due piani rosso 73, dove viaggiavo sempre per andare al lavoro e mi piaceva vedere tutto dall'alto, guardavo soddisfatta le Streets of London sotto di me. Ci vedevo benissimo con le nuove lenti a contatto morbide che in Italia non c'erano ancora. Sono sempre stata lievemente miope, e le alternavo agli occhialini tondi alla John Lennon. Eh... già... dirà chi mi ha seguita fin qui. Ma come, la ragazza viveva nella terra dei Beatles, praticamente a causa loro, e non ne parla più? In effetti i Beatles erano ovunque. Nominati un decennio prima Membri dell'Impero Britannico dalla Regina, apparivano su gadgets, mugs, sciarpe, magliette. Non solo: li vedevo spesso in tv in repliche dell'Ed Sullivan Show, ed in vecchi concerti. A volte venivano intervistati ed ascoltavo alla radio spezzoni delle interviste che poi, decenni dopo, sarebbero state raccolte nelle varie Anthologies. Vidi alcune puntate di "Pop Go the Beatles", celebre trasmissione settimanale della BBC, che era stata trasmessa dal gennaio 1963, di cui erano protagonisti assoluti, dopo essere apparsi anche nel "Saturday Club", e numerosissimi altri shows della BBC. Potreste pensare che una serie televisiva che richiedeva ogni settimana la presentazione di cinque nuove registrazioni avrebbe potuto essere faticosissima, invece servì loro a diventare sempre più conosciuti, e scoprire le reazione del pubblico giovane ai nuovi pezzi.

Ma ve li immaginate? Belli, giovani, ed inconsapevoli del successo mondiale che da li a poco sarebbe arrivato. Non erano ancora stati in America *(ci sarebbero andati nel febbraio del 1964, evento di cui ricorre quest'anno il 50enario)* e quindi quella era una trasmissione esclusivamente "British"... essi interagivano coi presentatori e suonavano dal vivo. E si sentiva ancora che si divertivano davvero! Ah che bello essere stati adolescenti in UK a quell'epoca.

Poi comprai finalmente alcune copie del famoso magazine "Beatles Monthly", di cui avevo sentito parlare 10 anni prima e che ovviamente in Italia non si trovava. Era chiamato anche "The Beatles Book", pure questo fondato nel 1963 e pubblicato per la prima volta nell'agosto di quell'anno. Continuò per ben 77 edizioni fino al dicembre 1969. La pubblicazione riprese nel 1976, e fu quindi questo il periodo in cui lo comprai, cessando poi definitivamente nel 2003. L'editore, Sean O' Mahony, aveva chiesto a Brian Epstein il permesso di pubblicare una rivista interamente dedicata ai Beatles *(sotto lo pseudonimo di Johnny Dean)*. La pubblicazione iniziò nell'agosto 1963 con la stampa di 80.000 copie. Alla fine dell'anno ogni mese ne furono vendute 330.000. Il fotografo della rivista, Leslie Bryce, per tutti gli anni Sessanta ebbe accesso al gruppo riprendendoli in tutti i loro viaggi e spostandosi con loro. Quelli che comprai nel '76 erano quindi logicamente ristampe degli anni '60, ma era commovente leggere le letterine delle fans innamorate, quando in Italia ancora quasi nessuno sapeva chi erano i Beatles, e la Rai nell'estate del 1965 non li volle riprendere. Mi pare incredibile ancora adesso!

Chiesi informazioni alle mie coetanee inglesi e mi raccontarono che stagione pazzesca fu davvero quella della Beatlesmania in UK, che io tanto avrei voluto vivere. I Beatles erano sempre presenti in radio, alla TV, facevano addirittura gli auguri di Natale alle fans, dedicavano loro le canzoni, esibendosi nelle loro battute nonsense, erano dappertutto. Ricordate la testimonianza che ho descritto prima, di quel ragazzo di Birmingham che si imbattè nella coda di ragazzi in sacco a pelo che facevano la coda tutta la notte per vederli? Ecco, in ogni città inglese, ad ogni concerto, succedeva l'incredibile. Folle urlanti di ragazzi, isterismi collettivi, Beatlesmania pura. Ormai erano passati anni, mi raccontavano, ma non si sarebbero mai più scordate di quella meravigliosa stagione beatlesiana, piena di spettacoli "live" dei quattro in tutto il Regno Unito.

Cap. 28 - Alla ricerca dei luoghi Beatlesiani

Ormai lavoravo a tempo pieno ed ero interessata ai molti altri aspetti ed eventi culturali che si svolgevano nella metropoli ma a volte, girando per Londra, mi beavo lo stesso dell'atmosfera e dei luoghi che i Beatles avevano frequentato.

Continuavo anche a interessarmi a loro, sui vari quotidiani e riviste, su dove vivevano, cosa facevano, e altre notizie che mi avrebbero messo sulle loro tracce e magari cercando di incontrarli fuori dai luoghi da loro frequentati come facevano allora alcuni fan. Paul nel 1977 era nel suo *"Mull of Kintyre"*, situato in Scozia, dove mi ripromettevo di andare quando sarei andata a visitare Liverpool, ma in effetti non ci riuscii prima dell'estate 1980, per una strana e inspiegabile coincidenza, pochi mesi prima dell'omicidio di John *(di questi due luoghi potrete leggere nelle pagine dedicate al nostro viaggio nel nord della Gran Bretagna)*.

A volte mi capitava anche di sobbalzare per la strade di Londra vedendo qualche "sosia" di Paul o George. Ai nostri occhi gli inglesi si somigliano un po' tutti, anche perchè, come mi era stato detto dagli inglesi anche noi italiani sembriamo tutti uguali per loro. Seguivo poi, come molti inglesi, la moda da loro originata: le camicie, i capelli lunghi, gli stivaletti, certi atteggiamenti tipici... insomma: in ufficio c'era un collega di Liverpool che sembrava davvero Ringo... mi faceva impressione, parlava come lui.

A quell'epoca non erano molte le informazioni sui luoghi beatlesiani, che adesso sono oggetto di visite e tours collettivi da tutto il mondo, e quindi fu così che un giorno decidemmo di intraprendere alcune visite nei posti resi da loro celebri nell'ambito dei nostri spostamenti e viaggi in giro per conoscere meglio la città e alla scoperta delle altre zone limitrofe.

Di conseguenza cercammo i luoghi per noi più

CARTA DEI LUOGHI BEATLESIANI PRINCIPALI CITATI DI LONDRA

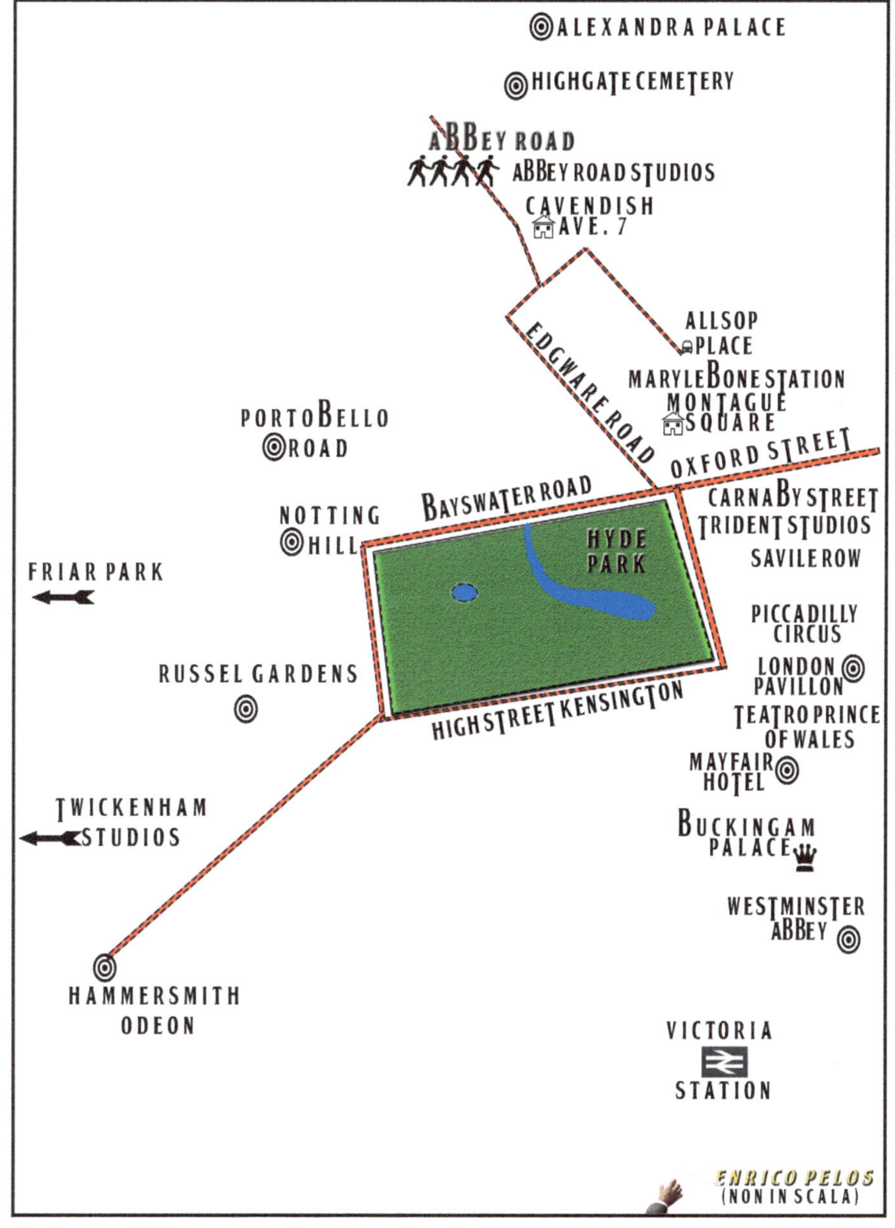

Piccadilly Circus. Sulla destra il London Pavilion dove i Beatles presenziarono alle premiere di alcuni dei loro films.

significativi e di seguito elencati con i relativi avvenimenti e, per comodità del lettore, corredati di cartina esplicativa.

Nel centro di Londra

- Odeon di Hammersmith *(oggi Apollo)*: era poco lontano da dove avevamo abitato un tempo, i Beatles vi si erano esibiti ben 35 volte tra il 1964 e il 1965 e noi ci andammo anche per alcuni dei concerti di altri gruppi qui descritti.

- Allsop Place, Baker St. nei pressi di Marylebone Station da dove erano partiti con il famoso e pittoresco bus del Magical Mystery Tour.

- Cavendish Avenue nr.7, abitazione di Paul. Qui egli aveva scritto “Yellow Submarine”, “Penny Lane”, e “Sgt. Pepper’s Lonely Hearts Club Band”. *(Paul visse anche tre anni nella Asher House, casa della fidanzata Jane Asher in 57 di Wimpole Street dove scrisse Yesterday; vi abitò per un certo periodo anche John Lennon),* tutte canzoni molto care a noi e a i fan di tutto il mondo.

- Abbey Road, la famosa strada degli studi di registrazione omonimi. Qui l’8 agosto 1969 alle ore 11 il fotografo Iain McMillan scattò una delle foto più celebri della storia della musica e della fotografia in generale: sarà la copertina dell’omonimo disco che uscì il 26 Settembre 1969. Egli ebbe la brillante idea di mettersi in una posizione sopraelevata, su una scaletta, e in un quarto d’ora circa di riprese *(con una Hasselblad)* fece questa famoso scatto. Noi non fotografammo in quanto pioveva, ed anche perchè allora non era così diffusa la moda della foto sulle strisce zebrate. Questo passaggio pedonale è ancora oggi, dopo oltre quarantacinque anni, il più famoso del mondo, al punto che è stata persino installata una webcam per la gioia dei fan, molti dei quali telefonano a casa, in qualsiasi parte del mondo, per farsi vedere appunto mentre stanno attraversando... Spesso rischiano anche di essere investiti perchè è una strada abbastanza trafficata e, soprattutto, perchè per la famosa foto c'era la polizia a fermare il traffico.

Highgate Cemetery, la tomba più famosa quella eretta al filosofo Karl Marx, fotografata nel 1977 quando ancora era ornata di fiori. All'esterno del cimitero i Beatles fecero alcune foto il "Mad day out", il 28 luglio 1968.

- 34 di Montague Square dove vissero Ringo, John, Jimi Hendrix, e dove oggi c'è una targa commemorativa dell'"English Heritage" *(ente che cura la gestione del patrimonio culturale).*

- Mayfair Hotel in Stratton Street, dove i Beatles avevano tenuto la loro prima conferenza stampa il 22 gennaio 1963 e dove nel 1966 andarono a sentire Bob Dylan, da John particolarmente ammirato, ascoltando alcune sue canzoni.

- Marylebone Station, dove furono girate alcune delle famose riprese del film "A Hard Days night", il mio film prediletto, e qui tirai un profondo sospiro di rimpianto e di malinconia.

- Passavamo spesso davanti al famoso negozio dell'HMV *(His Master's Voice)* al 363 di Oxford Street, che era allora il negozio di musica più fornito nel Regno Unito, e dove era stato registrato, nel 1962, il loro primo demo disc a 78 giri.

- Spesso eravamo in Piccadilly Circus, vicino al

Alexandra Palace, qui Paul, John e Yoko parteciparono a presentazioni di loro film e mostre.

London Pavilion, dove erano state presentate le prime di alcuni loro film, e al teatro Prince of Wales, poco distante, in cui John Lennon invitò gli spettatori seduti nei posti più costosi a far *"tintinnare i gioielli"*, come citato in precedenza a pag. 11.

- Sempre nelle vicinanze c'è Mayson Yard n.6, dove John incontrò Yoko Ono il 9 novembre 1966; per molti questa data segna anche un'importante svolta nella storia dei Beatles.

- Trident Studios al 17 St. Anne's Court, dove vennero registrate la canzone "Hey Jude" ed alcune del "White Album". Essi avevano, in quel periodo, delle apparecchiature più all'avanguardia degli studi di Abbey road, come ad esempio un Ampex a otto tracce che offriva nuove opportunità di mixaggio..

- Savile Row, la via della sede della Apple Records, l'etichetta discografica dei fab Four, e dove il 30 gennaio 1969 fecero l'ultimo famossimo e inaspettato concerto, chiamato poi "Roof Top concert".

Fuori dal centro città

- Alexandra Palace, uno dei luoghi post-beatlesiani meno conosciuti; qui nel grande edificio dell'epoca vittoriana John, Yoko e Paul si recarono per presentare mostre e film concernenti le loro canzoni come "The Ballad Of John And Yoko", o `Give Peace A Chance'.

- Highgate Cemetery dove il fotografo Tom Murray passò una giornata con loro il 28 luglio '68 quando vollero fare un "mad day out" *(una giornata fuori dal comune)* durante la registrazione del loro "White album" e vennero qui a fare delle foto. Qui amava passeggiare anche Charles Dickens e qui sono sepolti sua moglie, suo fratello ed alcuni parenti mentre egli è stato invece sepolto a Westminster, tra i grandi scrittori della letteratura inglese. Tra gli altri, in questo grande cimitero sono sepolti il famoso filosofo Karl Marx, il grande scenziato Michael Faraday, il cantante folk Bert Jansch, l'attrice Diane Cilento.

- Durante una gita nei dintorni di Londra passammo davanti ai Twickenham Studios dove fu girato il film "Let It Be," ed alcune scene dei film "Help!" e "A Hard Day's Night."

- Friar Park, l'imponente residenza di George a Henley-on-Thames che si sapeva fosse aperto ai visitatori in certi orari, ma a causa di un contrattempo non riuscimmo a fermarci, con grande disappunto anche perchè poi, dal 1980 a seguito dell'attentato a John, le visite non furono più permesse.

E così, sognando ad occhi aperti, i Favolosi Beatles, all'epoca ancora tutti vivi e vegeti, erano sempre con me.

La regina d'Inghilterra Elisabetta II - qui fotografata davanti a Buckingham Palace *(originale da slide con effetto panning e non elaborazione a computer)*, quando andammo alla cerimonia del "Trooping the color" nell'anno del Silver Jubilee del 1977, cioè la celebrazione dei suoi primi 25 anni di regno. Ella aveva nominato i Beatles Baronetti il 26 ottobre 1965 per meriti artistici ed economici *(ma John Lennon restituì l'onorifecenza nel 1970)*. Nel 1969 le dedicarono una canzone "Her Majesty" *(album Abbey Road 1969)* che conteneva però qualche verso un po' irriverente; infatti sembra che la regina non l'abbia gradita molto.

Cap. 29 - English Concerts: The Rolling Stones, Knebworth 1976

Il concerto dei Rolling Stones al parco di Knebworth, nei pressi di Stevenage (Inghilterra) al quale partecipammo, il 21 agosto 1976.

Knebworth è un villaggio inglese situato nell'Hertfordshire settentrionale, poco più a sud di Stevenage, noto soprattutto per i grandi concerti all'aperto che si tengono regolarmente nell'ampio parco *(conosciuto come Knebworth Park dell'omonimo castello)* sin dal 1974.

Avevamo l'occasione di vedere gli Stones dal vivo! Anche se il parco distava circa un'ora da Londra, col furgone fu una passeggiata piacevole. Andammo con la nostra amica inglese Jackie, i cui genitori abitavano in una cittadina sul percorso, a St. Albans. Trascorremmo lì la mattinata, e nel primo pomeriggo arrivammo al Knebworth Park. Il festival era già iniziato e si sarebbe concluso la sera, con l'arrivo degli Stones. Infatti ecco la lista delle bands che suonarono dalle 11 del mattino circa:

La copertina del programma del Knebworth Festival del 1976 *(Nome del grafico e dell'editore non riportato)*

The Don Harrison Band, 10cc, Todd Rundgren's Utopia, Hot Tuna, Lynyrd Skynyrd, Rolling Stones.

Gli Stones stavano raggiungendo l'apice del loro successo quell'anno, ed il Festival fu un evento celebrativo di massa: c'erano circa 120.000 spettatori, e purtroppo, arrivando in ritardo, ci sdraiammo sull'erba abbastanza lontano dal palco, ma per fortuna c'erano due megaschermi che mostravano, quando arrivammo, Lynyrd Skynyrd con una favolosa versione di Freebird, e dei superbi assoli di chitarra.

Il palco raffigurava una lingua gigantesca, basata sul logo degli Stones, che purtroppo si fecero aspettare veramente a lungo *(ma poi ci ricompensarono perchè il buio faceva risaltare ancora più le luci di grande effetto ma per contro non si potevano più fotografare)*...

Gli organizzatori e gli Stones vollero anche fare vivere una specie di atmosfera carnevalesca ingaggando un gran numero di clowns, ed altri artisti da circo, che avrebbero dovuto intrattenere il pubblico nei vari intervalli.

Questa iniziativa ebbe successo solo in parte, poichè nei Festival così numerosi il pubblico non si muoveva volentieri dalla propria postazione una volta conquistata, e perciò la maggior parte del pubblico non vide questi numeri. Io me ne ricordo solo alcuni.

Gli Stones suonarono però una lunga serie di successi tornando indietro nel tempo, pezzi che non avevano suonato live dagli anni ‘60… l’audio non era ottimale, specie dove eravamo noi, ma lo spettacolo era esaltante lo stesso, e ne risultò un grande evento. Il concerto durò oltre due ore ed ecco alcune delle canzoni che eseguirono:

Satisfaction, Ain’t Too Proud to Beg, If You Can’t Rock Me, Get Off of My Cloud, Hand of Fate, Around and Around, Little Red Rooster, Stray Cat Blues, Hey Negrita, Hot Stuff, Fool to Cry, Star Star, Let’s Spend the Night Together, You Gotta Move, You Can’t Always Get What You Want, Route 66; Wild Horses, Honky Tonk Women, Midnight Rambler, It’s Only Rock ‘n’ Roll, Brown Sugar, Rip This Joint, Jumpin’ Jack Flash, Street Fighting Man.

Pubblico e bandiere sul palco del concerto di Knebworth del 1976

Pubblico in attesa del concerto dei Lynyrd Skynyrd e dei Rollig Stones a Knebworth del 1976.

120.000 persone in attesa del concerto dei Lynyrd Skynyrd e dei Rolling Stones a Knebworth nel 1976. Noi eravamo qui.

CAP. 30 - LONDON CONCERTS 1976: KRAFTWERK

Il concerto dei Kraftwerk alla Round House di Londra del 10 ottobre 1976 con luci ed effetti speciali *(per quel periodo).*

Nel capitolo 22 si è accennato ai "precursori" del cosiddetto Krautrock con i Tangerine Dream. Altro gruppo proveniente dalla Germania sono i Kraftwerk, che andammo a vedere alla Roundhouse il 10 ottobre 1976. Avrebbero suonato pezzi da "Autobahn", "Radioactivity" e il famoso "Trans Europe Express", già un mito musicale, ma anche confine tra le ultime sonorità hippie e l'iniziale invadenza delle tecnologie segnata dai ritmi robotici.

I Kraftwerk, *(Ralf Hütter tastiere, Karl Bartos percussioni, Wolfgang Flür percussioni, e Florian Schneider, flauto e violino)* possono essere a buon titolo considerati i "padri di tutte le musiche elettroniche" nelle versioni pop-elettronico,

Florian Schneider, dei Kraftwerk, al flauto.

(insieme ai Tangerine Dream), da 40 anni a questa parte. Le loro musiche, che si ispiravano inizialmente ai rumori della civiltà industrale, al rapporto uomo-macchina, per modificarsi

Il concerto dei Kraftwerk alla Round House di Londra del 10 ottobre 1976 con proiezione multimediale.

successivamente in "musica per il villaggio globale" o "robot-pop" *(Ralf Hütter)*, hanno influenzato musicisti del calibro di David Bowie *(che canterà anche covers dei Beatles)*, gli Ultravox (che combineranno le influenze elettroniche dei Kraftwerk con il punk), o i Joy Division fino ai moderni Djs.

Il biglietto del concerto dei Kraftwerk del 10/10/1976 preso per l'ingresso alla Roundhouse di Londra.

Il gruppo, di origine tedesca, formatosi a Düsseldorf nel 1970, era già famoso in certi ambienti, ma questi strani musicisti che si muovevano come robots e che "emettevano" strani suoni sono stati i precursori di diversi genere musicali. Non a caso Il MOMA *(Museum Of Modern Arts)* di New York ha dedicato loro la prima "esposizione vivente" delle loro storia (nel 2012).

In questo concerto essi sperimentarono, tra i primi, la proiezione di immagini fisse, perchè non volevano che fosse solo un light show; la loro musica doveva avere un effetto di tipo più "statico" e chiamarono il tutto "Sound painting".

Durante il concerto utilizzarono anche dei tubi fluorescenti al neon con i loro nomi, come è visibile nelle foto. Anche essi aprivano i concerti con il buio totale e la fluorescenza dava un particolare effetto "spettrale" all'esibizione.

Nota particolare: di questo concerto i Kraftwerk sembra non abbiano mai rilasciato foto ufficiali per cui le foto *(scansioni da diapositiva)* **qui pubblicate sono considerate una rarità se non le uniche, dei concerti di quel periodo!**

Cap. 31 - London Concerts: Black Sabbath, 1977

Black Sabbath fotografati al concerto dell'Hammersmith Odeon del 1977. durante il loro "Techcnical Ecstasy" World Tour.

Il 14 marzo 1977, con i soliti biglietti procurati per posta, andammo all'Hammersmith Odeon per assitere al concerto dei Black Sabbath dato che il famoso promoter Harvey Goldsmith stava promuovendo a livello internazionale il loro "Technical Ecstasy" tour. Al concerto suonò la band di apertura dei Nutz e fu una grande emozione quando entrò la formazione "storica" di "Paranoid" con Ozzy Osbourne *(voce)*, Tony Iommi *(chitarra)*, Geezer Butler *(chitarra basso)* e Bill Ward *(batteria)* che era rimasta invariata dal 1969 al 1978. Ci furono in seguito alcuni cambi, ma Iommi rimase sempre l'unico componente fisso.

Essi, originari di Birmingham, sono stati tra i primi gruppi Heavy Metal, e probabilmente anche il più importante, della storia ed hanno contribuito grandemente al suo sviluppo tanto da identificare, per antonomasia, il genere con il loro nome per la maggior parte dei fan. Il nome deriverebbe dall'omonimo film del regista Lamberto Bava "Morte a 33 giri".

Scaletta del concerto

Supertzar
Killing Yourself to Live
Hole in the Sky
Snowblind
Symptom of the Universe
War Pigs
Megalomania
Sabbra Cadabra
(Jam/Drum Solo/Guitar Solo/)
Supernaut
Iron Man
Guitar Solo
Black Sabbath
Spiral Architect
Children of the Grave
Paranoid

Dal 1970 al 2010 hanno venduto più di 100 milioni di dischi in tutto il mondo. "Paranoid" rappresentò *(e rappresenta tuttora)* il maggior successo commerciale del gruppo, n.1 nella classifica inglese con sette dischi di platino e uno d'oro all'attivo, ed è considerato di rilevante importanza per la nascita dell'heavy metal. Il gruppo conquistò milioni di fan in tutto il mondo.

Con questo album il gruppo mostrò di andare oltre l'immagine "black" che lo accompagnava dagli esordi, e che aveva impressionato il mondo musicale con le loro particolari sonorità, anche rivolte all'occultismo e all'immaginario gotico. I loro riff di chitarra, i ritmi evocativi di un passato di echi che anticiperanno il

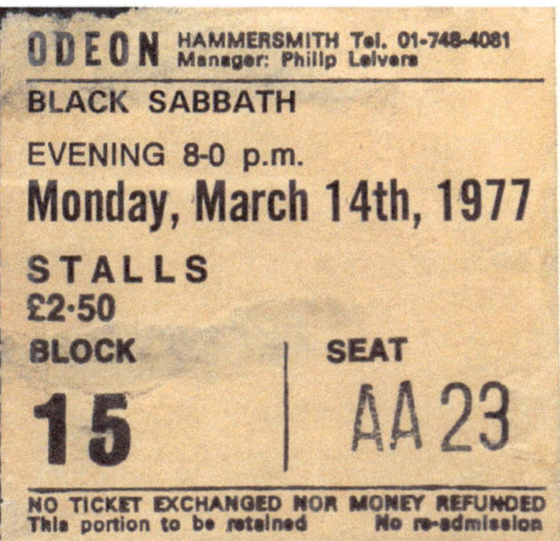

Il biglietto acquistato per il concerto del "Technical Ecstasy " tour dei Black Sabbath del 14 marzo 1977

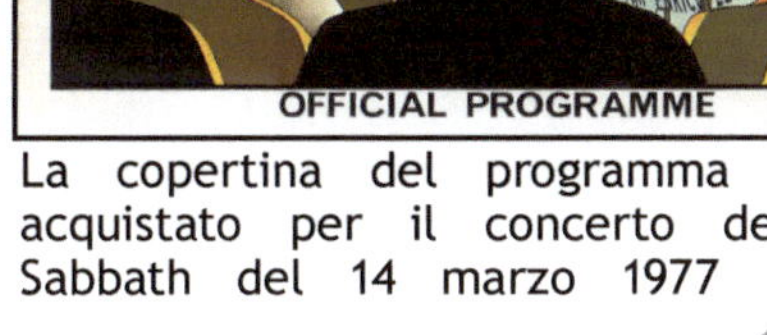

La copertina del programma ufficiale acquistato per il concerto dei Black Sabbath del 14 marzo 1977

Black Sabbath fotografati al concerto dell'Hammersmith Odeon del 1977. durante il loro "Techcnical Ecstasy" World Tour. Bill Ward alla batteria Singerland costruita su sue specifiche tecniche.

genere dark e che avrà il miglior successo con Paranoid ripetuto poi dalla lenta e bellissima ballata Solitude, componendo brani con argomenti più maturi: ad es. in War Pigs, il quale critica i politici ritenuti responsabili degli orrori in guerra, oppure Iron Man che ha un testo puramente fantascientifico.

Nel 1973 essi pubblicarono "Sabbath Bloody Sabbath", album caratterizzato da atmosfere progressive rock ancor più nette. Ciò si deve anche alla presenza di Rick Wakeman degli Yes che compariva alle tastiere, come membro esterno. Anche Dave Walker ex dei Fleetwood Mac fu del gruppo per un breve periodo nel 1977.

Fra i brani più evidentemente progressive possiamo citare anche "Spiral Architect" e "A National Acrobat", ma non mancava comunque il "classico" sound della formazione con "Sabbath Bloody Sabbath" e "Killing Yourself to Live". Molti di questi brani furono inclusi nella scaletta del concerto di quella indimenticabile sera.

I Black Sabbath fotografati al concerto dell'Hammersmith Odeon del 1977 durante il loro "Techcnical Ecstasy" World Tour.

Cap. 32 - Verso Nord, Scotland

Il nostro camper, ormai con targa (e condotto con patente inglese) arrivato nei pressi di Glencoe nelle Highlands scozzesi con le cime innevate. Da Genova... alla Scozia e... ritorno.

Ormai eravamo arrivati alla fine anche di questo nostro secondo soggiorno londinese. Anche se avremmo voluto stabilirci lì per sempre, *(conosco diversi amici che si sono fermati a Londra per tutti questi anni,)* la vita non è mai come ci si aspetterebbe. Intanto il clima inglese, con i suoi inverni interminabili, cominciava davvero a farci rimpiangere, poco a poco, il mare e le nostre stagioni mediterranee soleggiate.

Anche il carattere degli inglesi, così sempre freddi e distaccati, cominciava ad essere pesante, almeno per me. Poi sentivo che la mia laurea non era sfruttata a dovere ed ero ancora giovane per poter affrontare qualche concorso per entrare nella scuola secondaria, visto il buon livello del mio inglese. Così, quando mi giunse la notizia che in famiglia c'era stato un problema abbastanza serio di salute, non ebbi dubbi e decisi di tornare. Sapevo cosa mi aspettava, ma ogni posto ha i suoi lati positivi e quelli negativi: almeno avrei affrontato i lati negativi del paese dove ero nata. Infatti cominciavo a sentirmi confusa e non capivo più se ero inglese oppure italiana: stavo diventando uno strano miscuglio pieno di contraddizioni.

Dopo aver dato le dimissioni dai rispettivi lavori, ci concedemmo un viaggio in Scozia, regione affascinante e ricca di paesaggi unici, dove tra l'altro ci

Alcune delle località della Scozia citate

attiravano, come al solito, fatti e avvenimenti del passato concernenti i Beatles.

Partimmo da Londra e ci dirigemmo verso il nord, fermandoci a dormire nei pressi del Vallo di Adriano *(Hadrian Wall, la grande muraglia fatta costruire dall'omonimo imperatore romano nel 122 d.C., costruito contro le invasioni dei Caledoni che non erano riusciti a vincere, e le cui rovine sono ancora oggi visibili in molte parti);* quindi proseguimmo fino ad Edimburgo, tra l'altro citta natale di Stuart Sutcliffe, che trasferitosi poi a Liverpool fu membro dei Beatles dal '60 al '61, pittore e artista di talento al quale sembra accreditata l'origine del nome dei Beatles. Separatosi dai Beatles perchè non voleva una carriera musicale, si incontrò con John che amava passare dei periodi di vacanza in Scozia a Durness nei pressi di Edinburgo presso una zia e il cugino Stan, e dove nel 1969 ebbe un incidente per il quale fu ricoverato nell'ospedale insieme al figlio Julian.

Inoltre fu proprio in Scozia che essi iniziarono la loro carriera come "Johnny Gentle e the Silver Beatles" nel 1960. Johnny Gentle era già famoso e fu deciso che doveva essere accompagnato da *"alcuni giovani pieni di entusiasmo"*. In seguito in Scozia eseguirono 35 concerti fino al 1965.

Dopo aver visitato la città e il suo castello nei cui pressi suonarono i Fab Four, passammo vicino di Bridge of Allan, dove i Beatles tennero un concerto nel 1963 di ritorno dalle loro serate di Amburgo, e di Bannockburn, altro luogo famoso di battaglie tra inglesi e scozzesi; quindi proseguimmo verso ovest in direzione di Glasgow, dove i Beatles tennero l'ultimo

Il lago di Loch Ness e le rovine del castello di Urquart.

concerto in Scozia nel 1965.

Proseguimmo poi ancora verso nord, arrivando nelle Highlands dove Paul si era ritirato dopo la separazione dei Beatles, e dove, non molto lontano, si estende il "Mull of Kintyre" *(mull=promontorio in scozzese)*. Come forma d'omaggio alla pittoresca penisola del Kintyre nella regione di Argyll and Bute, dove aveva una proprietà e uno studio di registrazione fin dalla fine degli anni sessanta, nel 1977 Paul Mc Cartney & Wings lanciò l'omonima canzone che egli pubblicò come singolo proprio quell'anno. La canzone si rivelò il maggiore successo dei Wings in Gran Bretagna dove arrivò al numero 1 in classifica, e fu il primo singolo a vendere più di due milioni di copie nel solo Regno Unito; nel 1977 lo si sentiva ovunque. In Campbeltown c'è un memorial in onore di Linda, la moglie di Paul. Nei pressi fu girato l'omonimo film.

Arrivammo a Glencoe e poi su fino a Fort William, poco distante dal Ben Nevis innevato che, con i suoi 1344 metri, è il monte più alto della Gran Bretagna, meta di turisti, escursionisti e alpinisti. Quì entrammo in un negozio per comprare dei rullini fotografici e scoprimmo che il proprietario era un italiano trasferito in quelle terre da molti anni.

Il nostro viaggio prosegui poi intorno al famoso lago di Loch Ness, e facemmo tappa alle rovine del castello di Urquart nei cui pressi, narrano le cronache, fu visto il famoso mostro e che fu al centro di battaglie tra inglesi e scozzesi. Proseguimmo quindi fino a Inverness, la capitale delle Highlands sul fiume Ness e dove i Beatles si esibirono nel 1960 *(come Johnny Gentle and the Silver Beetles)*.

Cap. 33 - Ritorno in Italia

Dopo il viaggio in Scozia tornammo a sud.

Il mio compagno non era proprio sicuro di voler tornare in Italia, ma io ero talmente decisa alla fine, che fece di sua volontà la scelta di seguirmi. Goodbye, London Town!

Era la primavera del 1978.

Caricammo il furgone coi nostri bagagli, diretti in Italia. Andammo direttamente a Dover a prendere il traghetto per riattraversare la Manica. Guidammo per tutta la Francia fino al confine italiano, trovandoci subito bloccati per ore sul traffico della Riviera Ligure, intasata per le festività pasquali.

Non avevamo assolutamete calcolato questo fatto. E chi si ricordava più le belle autostrade italiane con i suoi caselli e i suoi pedaggi... In Inghilterra tutto questo non esisteva. Insomma per raccontarla in breve, impiegammo più tempo da Ventimiglia a Genova che da Londra all'Italia!

Arrivammo a Genova, dove la luce primaverile mi accecò di nuovo, ma questa volta con molto piacere assaporai il tepore mediterraneo.

Il furgone continuò a girare per Genova con la targa inglese, ma dopo alcune multe dei vigili *(dopo sei mesi andava rimessa quella precedente...)* fummo obbligati a rimontare la sua vecchia targa italiana.

Anche nostri documenti furono di nuovo cambiati.

Feci domanda nella scuola secondaria superiore come "esperta di conversazione inglese", precaria per il momento, in attesa di affrontare i concorsi che in seguito mi fecero entrare in ruolo. Davvero tutti gli allievi pensavano che fossi di madrelingua, perchè ero fresca dell'esperienza fatta ed il mio inglese era allora impeccabile. Mi trovavo bene con i miei studenti: allora, potevo trasmettere con entusiasmo informazioni recenti sulla "way of life" e la civiltà inglese. Ogni tanto qualche accenno fugace alla musica rock, specialmente se sui libri di lettura appariva qualche brano sui Beatles... e dintorni.

Anche il mio compagno si sistemò col lavoro e nell'estate 1980, avendo saputo del "Pink Floyd The Wall World Tour," pensammo ad un altro viaggio in Inghilterra per le vacanze estive. Volevamo anche visitare la zona del Nord dell'Inghilterra, considerata diversissima dal Sud dove eravamo vissuti, ed anche Liverpool.

Sentivo, a pochi mesi dall'assassinio di John, come un forte richiamo per quella terra: the North of England, il luogo in cui i Fab erano nati e da cui avevano iniziato la loro avventura.

Questa volta scegliemmo un altro percorso, passando per la Costa Azzurra arrivando ad Agay, e fermandoci in un campeggio con una magnifica spiaggia libera. Qui puro caso e per una di quelle rare combinazioni che capitano nella vita, ci trovammo a campeggiare vicino ad un furgone Volkswagen blu di una coppia, David e Janet, proveniente da Oldham, una cittadina nei pressi di Liverpool.

Eravamo coetanei e facemmo subito amicizia, naturalmente parlando dei Beatles che anch'essi avevano visto a suo tempo, raccontandoci molti fatti ed aneddoti su di loro, e decidemmo subito di ospitarci a vicenda in quanto essi non erano mai stati in Italia.

Fu così che essi furono ospitati da noi in Liguria, noi andammo a trovarli nel nord dell'Inghilterra e quindi, come avevamo già progettato, finalmente a Liverpool passando naturalmente prima per Londra per il concerto dei Pink Floyd.

CAP. 34 - LONDON CONCERT THE LAST ONE: PINK FLOYD THE WALL, 1980

La sciarpa del concerto "The Wall" "memorabilia" del 1980.

I Pink Floyd avevano intrapreso un tour per promuovere il loro album "The Wall" durante gli anni 1980/81. Fu uno show spettacolare, anche si ripetè solo in 29 diverse località e in tre stati: Germania, Stati Uniti ed Inghilterra, perchè sul palco, come sapete, c'era un enorme muro, di 420 mattoni. Esso veniva costruito a poco a poco sino a coprire il gruppo, a significare il senso di alienazione e incomunicabilità, tema conduttore dell'album, che ormai era diventato popolarissimo come del resto la fama dei Pink Floyd e di Roger Waters che di questo evento era stato l'ispiratore.

In pochi anni però l'atmosfera era cambiata: non era più un concerto ascoltato in religioso silenzio, come ho raccontato per "The Dark Side of The Moon" nel 1974, ma ormai cominciava ad essere un evento di massa, con gadgets venduti fuori *(comprai infatti la sciarpa raffigurante il muro e la tenni al collo per parecchio tempo)*, poi una gran confusione e... niente biglietti! Infatti non essendo più residenti a Londra non potevamo più farceli spedire a domicilio e, avendo deciso all'ultimo momento, ricorremmo ai bagarrini, pagandoli parecchio in più.

Un concerto veramente grandioso ed indimenticabile. Molti ne criticarono l'aspetto commerciale, ma per noi ascoltare quel disco ancora oggi è comunque sempre un'emozione che ci entusiasma. Questa fu la terza ed ultima volta che vedemmo i Pink Floyd live.

Lo show fu poi documentato nell'album "Is There Anybody Out There? The Wall Live 1980-81".

CAP. 35 - VERSO NORD, LA TERRA OSCURA DELLA BLACK COUNTRY

Proseguimmo poi verso il Nord, terra affascinante, con la sua campagna verde ed umida ed il cielo quasi sempre coperto, molto più che a Londra. Ecco Birmingham e Manchester, le città appartenenti al triangolo industriale; lì attorno la campagna diveniva nera, *"the Black Country"* appunto, perchè proprio in questa zona sorsero le famose miniere di carbone che caratterizzarono la Rivoluzione industriale che iniziò in quella zona dal 1760 e durò fino al 1840 circa, cambiando completamente la produzione da manuale ai mezzi meccanici e utilizzando il carbone come principale fonte di energia.

Si narra che J. R. R. Tolkien, il famoso autore della trilogia de "Il Signore degli Anelli", pubblicato tra il 1954 e il 1955, si sia ispirato a questi posti quando descrive l'oscura regione di Mordor. *(Mor-Dor nella lingua Sindarin del romanzo significa "Terra Oscura", e all'interno del romanzo si riferisce ad essa come Black Country).*

Fu proprio in quegli anni che molte fabbriche entrarono in crisi e chiusero molte acciaierie. Da allora, le nuove normative ambientali hanno in gran parte trasformato quelle zone, che proprio all'insegna dello slogan "Keep the Black Country white" *("Mantieni bianca la Black Country"),* sono diventate negli ultimi anni un'importante attrazione turistica con il museo che illustra gli anni della rivoluzione industriale.

Arrivammo quindi a casa dei nostri amici ad Oldham, dove ci fermammo diversi giorni. Visitammo poi York, cittadina bellissima che nell'Ottocento divenne il centro manufatturiero più importante della zona, con la sua bella York Minster, poi Haworth, deliziosa cittadina storica nel distretto del West Yorkshire, dove nacquero le sorelle Brontë, scrittrici della prima metà dell'Ottocento *(chi non ricorda Wuthering Heights, "Cime tempestose", di Emily Brontë e "Jane Eyre", di Charlotte, anche tramite famosi films?)* ed interamente a loro dedicata, con musei e luoghi storici da visitare.

Cap. 36 - Liverpool 1980 - Four Lads Who Shook The World

La composizione artistica dedicata ai Beatles ed eseguita da Arthur Dooley nel 1974. E' posizionata sul muro di Mathew street nei pressi del famoso Cavern Club dove i Beatles suonarono, dal 1961 al 1963 per 292 serate molte delle quali anche per otto ore a notte.

Ed ecco Liverpool.

Arrivammo presto in una mattina presto freddina e piovosa, sebbene fosse pieno agosto. La città era ancora semi-addormentata. Il cuore mi batteva forte entrando in città. Il luogo natale dei Beatles.

Chiedemmo informazioni su eventi o manifestazioni, entrammo in una grande libreria e comprammo alcune pubblicazioni su di loro. Ma in quell'estate del 1980 il turismo beatlesiano non era ancora molto sviluppato, e quindi preferimmo andare in giro da soli alla scoperta dei diversi luoghi più interessanti.

Ammirai il porto con i suoi docks, lungo la foce del fiume Mersey *(da qui si sviluppò dalla fine degli anni '50 ai primi anni '60 il Mersey-Beat)* respirando a fondo quell'aria fredda e salmastra, ed immaginando le navi che alla fine degli anni '50 portavano dagli U.S.A., con le altre merci, i primi dischi di blues e Rock'n'roll che furono l'ispirazione poi del

Carta dei luoghi Beatlesiani principali citati di Liverpool

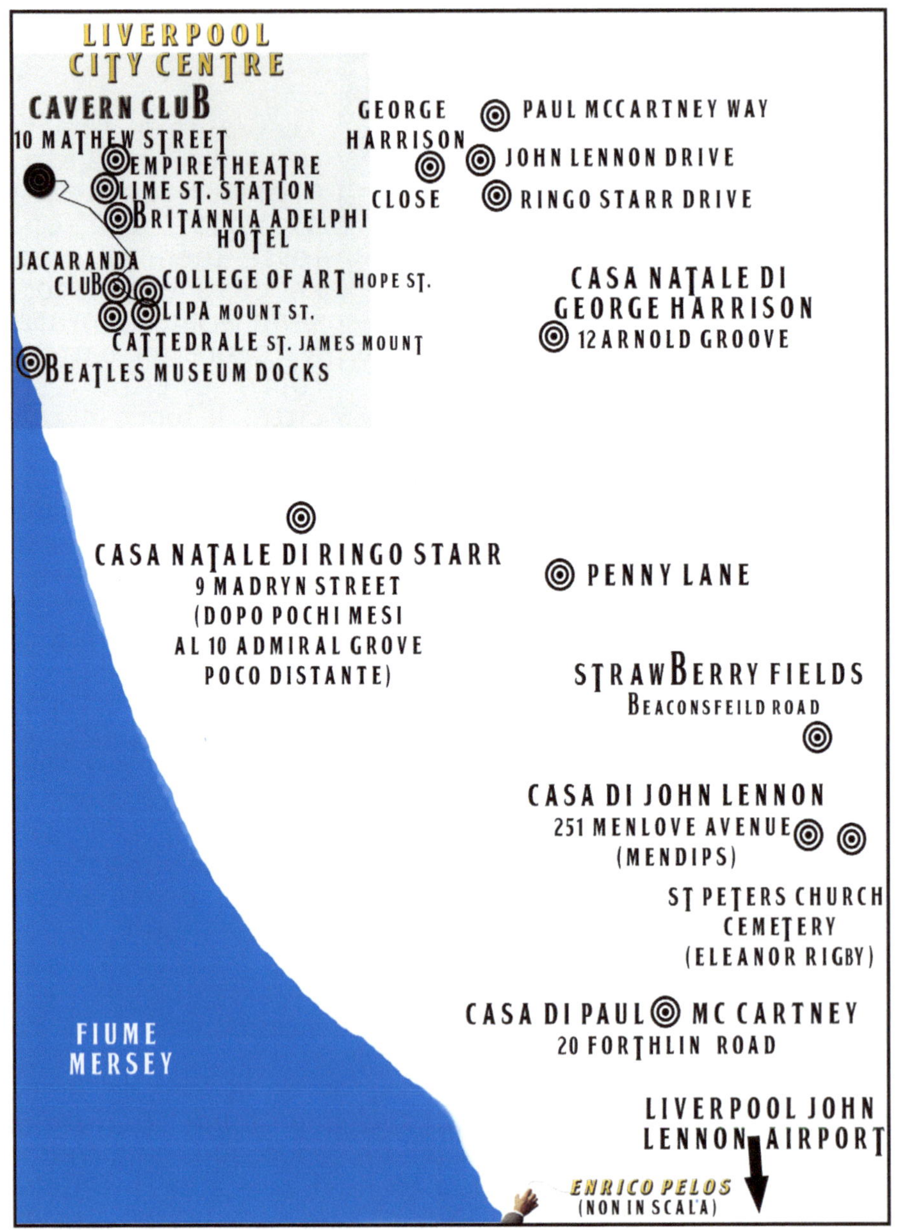

L'insegna del Cavern in Mathew street (1980).

Beat inglese, europeo e dei Beatles stessi, come ebbe a dichiarare recentemente Ringo Starr in un'intervista.

Il brutto tempo non ci permise di fare molte foto ma iniziammo comunque con l'incamminarci per le strade verso la maestosa Cattedrale, considerata la più lunga al mondo, the Church of England Cathedral della Diocesi di Liverpool, costruita sul St James's Mount che è la sede del vescovo di Liverpool e che ha al suo interno il più grande organo del Regno Unito.

Passammo quindi in Hope street davanti al College of Art dove si erano conosciuti John, Cinthya e Stuart e quindi di fronte vedemmo il LIPA *(oggi London Institute for Performing Art)*, la vecchia scuola di George e Paul, il quale alla notizia della futura demolizione intervenne donando un'enorme cifra di denaro, ed evitando così il probabile abbattimento. Queste scuole, insieme a quelle di Londra dei Rolling Stones e dei Pink Floyd e di molti altri costituirono, con i loro corsi creativi *(come pure l'abolizione nel 1950 del servizio militare obbligatorio, che avrebbe causato lo scioglimento di molti gruppi)*, il terreno fertile affinchè crescessero gli artisti che conosciamo.

Andammo poi subito a cercare Mathew Street, dove sapevamo si trovava il Cavern Club, in cui i Beatles avevano cominciato a suonare il 9 febbraio del1961 *(ma vi si erano già esibiti nella formazione di Quarrymen il 7 Agosto 1957)*. Questo club, conosciuto oggi in tutto il mondo, divenne de facto il luogo dove nacque il beat, e il più importante centro

10 yards from this point across the street was the entrance to the famous CAVERN CLUB

The Club hit the headlines in 1962 as the launching platform for the most successful climb to fame of any act in showbusiness -

THE BEATLES

Many other famous people have since appeared on the CAVERN stage including such names as THE ROLLING STONES - ARGENT - GARY GLITTER - WILSON PICKET - HERMANS HERMITS - CILLA BLACK - FREDDIE STARR AND THE MIDNIGHTERS - GERRY AND THE PACEMAKERS - THE SEARCHERS - ETC.- ETC.

On May 27th 1973 the old CAVERN closed to make way for an excavation shaft from a new underground railway link line - the CAVERN was moved across the street to its present position.

In 1976 it was decided that the CAVERN was due for a Revolutionary change of style - hence the CAVERN CLUB now incorporates the new title REVOLUTION CLUB.

High above the door is a plaque sculpted as a tribute to the BEATLES by famous local sculptor Arthur Dooley. It shows the Mother figure of Liverpool holding 3 cherubs representing John, George and Ringo - Paul has Wings and has gone off on his own.

The plaque was presented to the city by ROY ADAMS of Cavern Enterprises Ltd. and unveiled by TOM O'CONNOR and the SPINNERS. Others now famous who have appeare at the CAVERN - BEN E.KING - THE WHO - CHUCK BERRY - THE SHADOWS - ROD STEWART - HOWLIN WOLF - MUDDY WATERS - THE SPINNERS - STATUS QUO - FAMILY - STEVIE WONDER - THE ANIM

La La targa dedicata ai Beatles nei pressi del Cavern Club.

di diffusione di questa nuova musica.

Esso era stato ricavato in una cantina con soffitto a volta di mattoni, situata nel piano interrato di una costruzione di sette piani che veniva usato come magazzino ortofrutticolo; durante la guerra era stato usato come rifugio antiaereo, mentre poi nel 1957 vi era stato aperto un jazz club. Successivamente,nei primi anni ‘60 il locale cambiò gestione e le serate di rock dal vivo divennero sempre più frequenti ed animate, ospitando appunto i Beatles dal 1961 al 1963 (l’ultima esibizione il 3 agosto del 63). Qui vennero notati dal loro futuro manager Brian Epstein, il quale vi si recò incuriosito dalle richieste, nel suo negozio di dischi che si trovava nei pressi, del singolo “My Bonnie” inciso dai Beatles, nel 1961, in occasione dei loro spettacoli di Amburgo con Tony Sheridan.

Ma... in Mathew street trovai solo l’insegna “THE CAVERN”. Sopra un’altra porta era stata posta una statua con la scritta: FOUR LADS WHO SHOOK THE WORLD, *(Quattro ragazzi che sconvolsero il mondo).*

La statua, divenuta famosa come the “Beatles Memorial”, fu dedicata come tributo ai Beatles dal famoso scultore di Liverpool Arthur Dooley nel 1974, e mostra l’immagine della Madre di Liverpool che stringe a se i Beatles raffigurati come cherubini.

Essi sono stati ricavati da bambole per bambini di plastica, dipinte d'oro *(che sono tre nella foto, in quanto la raffigurazione Paul fu rubata nel 1975 e poi ritrovata nel 2005).* La statua fu presentata alla città da Roy Adams del Cavern Enterprises Ltd e scoperta poi da Tom O' Connor & the Spinners. Dopo l'assasinio di John fu aggiunta un'altra figura con chitarra, sulla destra, sul cui capo in una scritta circolare si può leggere "Lennon lives *(Lennon vive)*. Un'ulteriore targa riporta le parole della sua canzone "Imagine" del 1971.

Installata sul muro c'era un'altra targa che raccontava la storia del locale. In questa targa, *di cui potete vedere la foto,* si legge che in realtà il vero Cavern si trovava a 10 yards da quel punto, sul lato opposto della strada. Nel 1973 il locale venne chiuso a causa dell'esproprio per i lavori della metropolitana; il magazzino fu raso al suolo per far posto ad un parcheggio. Come scritto sulla targa "Altri famosi gruppi che sono apparsi sul palco del Cavern comprendono: The Rollling Stones, Argent, Gary Glitter, Wilson Pickett, Herman Hermits, Cilla Black, Freddie Stars and the Midnighters, Gerry and the Pacemakers, The Searchers, Ben E. King,The Who, Chuck Berry, The Shadows, Rod Stewart, Howling Woolf, Muddy Waters, The Spinners, Status Quo, Stevie Wonder, The Animals." Questo lessi, tra l'altro, su quella targa, quell'estate del 1980.

Si può vedere, nella foto della copertina del libro, come allora rimasi perplessa sulla porta, osservando gli edifici e la strada tutt'intorno. Stupita da questa scarsa informazione trovata in un luogo tanto storico, fermai un ragazzo del posto e mi misi a chiacchierare con lui di questi fatti. Egli mi disse che sì, sapeva chi erano stati i Beatles, e che la città era stata resa celebre da loro, giustamente, ma che il locale era in effetti stato demolito e che loro, abitanti di Liverpool *(Liverpudlians)* avrebbero voluto vivere più tranquilli senza tanta publlicità... ecco cosa mi disse. Non sapeva certamente cosa sarebbe poi successo a Liverpool negli anni a seguire. Il Cavern venne ricostruito al N. 10 di Mathew Street sul, 75% del lotto originario, utilizzando in parte mattoni di recupero provenienti dal primo locale. Fu anche aggiunta una statua dello stesso John. Ringo Starr vi fece fare una copia originale del palco, con le firme ed i nomi di tutti gli artisti che vi si erano esibiti negli anni '60 e che ho citato prima.

Chi frequentava il locale all'epoca dice che l'atmosfera non era più la stessa di allora... ma ovviamente per gran parte dei fan dei Beatles la visita al Cavern costituisce certamente un'esperienza unica ed emozionante. E proprio qui si celebra ogni anno il Mathew Street Festival con eventi diversi.

Rimanemmo diversi giorni nei pressi di Liverpool avendo così l'opportunità di cercare altri luoghi legati alla loro storia.

Tra le pubblicazioni che avevamo comprato c'era il libro di Allan Williams *("The man who gave the Beatles away")*, che fu loro primo manager e primo proprietario del locale Jacaranda *(dal nome di un frutto esotico, e conosciuto anche come "The Jac")*, situato al 23 di Slater Street *(nel corso degli anni cambierà poi nome e proprietario)*. Egli lo aveva aperto nel 1957 ed era presto diventato un famoso punto di incontro della gioventù di Liverpool. Tra i suoi clienti c'erano John, Paul, e Stuart Sutcliffe che un giorno gli chiesero di poter suonare. Li ingaggiò ma prima... gli fece dipingere le pareti del locale. Inoltre Stuart già brillante studente del College of Art *(frequentato insieme a John)* gli fece dei murales. Dopo gli fu permesso anche di suonare... e li ingaggiò come Quarrymen.

Con il camper poi passammo nei pressi dell'Empire Theatre, dove fecero 2 concerti e quindi in Lime street, citata nella canzone "Maggie Mae" che era la meta di partenza di tanti viaggi a Londra, e con la piantina andammo poi a cercare Arnold Grove al nr.12, la casa dove nacque George *(25 febbraio 1943 - Los Angeles, 29 novembre 2001)* e dove con John provavano da adoloscenti; poi al 20 di Forthlin road, la casa di Paul *(nato nell'ospedale di Walton il 18 giugno 1942, la casa fu poi acquistata dal National Trust nel 1995)*, al 251 Menlove Avenue soprannominato Mendips, la casa di John, *(che nacque il 9 ottobre 1940 al Liverpool Maternity Hospital e morì a New York l'8 dicembre 1980, e che fu acquistata poi da Yoko Ono e donata al National Trust)* dove visse con la zia Mimi. Qui scrisse "Please Please me" nel 1963 che raggiunse il primo posto in classifica e "aprì" ufficialmente *(secondo i critici)* la Beatlesmania. Più lontano c'era poi il 9 di Madryn street, la casa natale di Ringo *(7 luglio 1940)*.

Queste abitazioni erano, a parte quella di John, tutte in zone particolarmente colpite dalle conseguenze della guerra e le famiglie, che ebbero a patire il razionamento, avevano problemi a tirare su i figli, cionostante li incoraggiarono e comprarono loro i primi strumenti...

Poi con grande emozione ci dirigemmo verso il sud della città, per andare a cercare Penny Lane e Beaconsfield Road dove volevamo vedere gli "Strawberry Fields" *(giardini che originariamente facevano parte di un orfanotrofio dell'Esercito della Salvezza)*. Infatti i due luoghi erano il titolo alle omonime famose canzoni del disco singolo uscito nel 1967, nel quale cantano appunto la nostalgia per questi posti del loro *(e nostro...)* passato. Ci trovavamo nella zona di Woolton, dove John a Paul si incontrarono la prima volta alla St. Peter's Church e nel cui cimitero andavano a passeggiare. In questo cimitero si trova una tomba particolarmente legata alla canzone "Eleanor Rigby" come narrano le cronache.

Liverpool è ormai la "città dei Beatles", e visitandola e approfondendo la conoscenza della sua storia, del suo sistema scolastico, delle trasformazioni sociali in atto in Inghilterra, spesso in anticipo che nel resto d'Europa, fa emozione comprendere il perchè "*quattro ragazzi che scioccarono il mondo*" avrebbero potuto nascere solo qui.

Oggi è un vero e proprio luogo di "pellegrinaggio" dedicato a loro con negozi dedicati e musei. Ma nel 1980 invece la città aveva fatto solo il monumento in Mathew St. che vedete in copertina. Sarà praticamente proprio dal dicembre del 1980, allorquando John venne assassinato a New York, che la città iniziò a pensare a loro e ad organizzare cerimonie e celebrazioni a livello mondiale per la città che diede loro i natali.

Oggi invece ci sono anche le strade a loro dedicate: a John è dedicato l'aeroporto e la John Lennon drive, poi ci sono Paul McCartney Way, George Harrison Close e Ringo Starr Drive che ogni anno sono visitate da migliaia di fan da ogni parte del mondo, soprattutto per la "Beatles week" che si svolge ogni anno a fine agosto all'hotel Britannia Adelphi dove ebbero un contratto nel 1961. La guida Lonely Planet ha eletto la città dei Fab Four uno dei posti più visitati al mondo. Questo perchè il 2014 è il 50enario del primo storico tour dei Beatles negli States, allorquando il 7 Febbario 1964 essi atterrarono all'aeroporto J.F.Kennedy mettendo così piede, per la prima volta, sul suolo americano.

Ma io volevo vedere il VERO Cavern. Il ragazzo con cui parlai, certamente sarebbe rimasto poi molto sorpreso dallo sviluppo strabiliante di quello che sarebbe diventato il Cavern District e di tutta la situazione della città in chiave beatlesiana con differenti "Magical Mystery Tours" compresi!

Liverpool con il suo porto, la sua storia portuale con i suoi migranti che partivano per le Americhe. Così simile a Genova, il suo porto e i suoi lavoratori di un tempo, i suoi musei dei migranti. Città che si somigliano, storie che si intrecciano. Sembra che anche per questo proprio i Beatles abbiano scelto, dopo Milano e Roma, come terza città del loro tour italiano, di suonare a Genova anzichè in altre città.

Così, triste e meditabonda ma anche emozionata, ce ne tornammo in Italia con quell'immagine nel cuore ed io conservai quei ricordi con tanta, tanta dolce malinconia.

Cap. 37 - The Four Lads ... Today in the World

Apriamo una parentesi: dei "Four Lads who shook the World" sono rimasti, Paul & Ringo. Di loro abbiamo scritto in precedenza e comunque migliaia di pagine sono state scritte in tanti libri su di loro.

Quello che invece non è forse molto conosciuto, è il fenomeno delle "Tribute bands" *(e "Acoustic bands")* nate in diverse nazioni, e che sono composte da musicisti che portano in giro il repertorio delle canzoni dei Beatles. Molte, con bravi interpreti, si limitano ad eseguire le composizioni, alcune delle quali ormai riconoscibili ai più sin dalle prime note. Altre invece cercano di ricreare l'atmofera di quegli anni, non solo eseguendo al meglio le canzoni, ma anche facendo ricerche accurate sugli strumenti e sull'abbigliamento vintage, arrivando ad acquistare, quando possibile, gli strumenti originali, e molti degli accessori.

Tra le moltissime "Tribute Bands" la più conosciuta a livello internazionale è quella formata dagli "American English", vincitrice di varie "Liverpool Beatles week" e "Beatlefeast". Ci sono poi i "Cavern Beat" di Chicago, "The Backbeats", i "British-Mania" negli States. I "Liverpool Beatles Band" sono una cover band di Rio de Janeiro in Brasile, mentre i "Los Beetles *(con due e)*" sono in Cile e "The Shouts" provengono dall'Argentina. In Inghilterra ci sono i "MobTops" e la "Beatles Tribute band" che è considerata una delle più interessanti. Tra i gruppi italiani si possono citare i bergamaschi "Revolver", i romani "The Beaters", gli "Heartbeat", i milanesi "Shout", i bresciani "Beatops", la "Sgt. Peppers Band" di Padova, i genovesi "Reunion" che sono stati i primi in Italia, per rimanere tra i più importanti. C'è anche una band tutta al femminile formata dalle "Penny Ladies" che, fondata nel 2010 a Roma, sta avendo successo a livello europeo.

Una di queste band, che figura tra le più famose in Italia, ma è anche conosciuta a livello internazionale *(recentissimo il loro concerto del 5/4/2014 al Palais di Bruxelles davanti a 15.000 persone)*, è quella dei Beatbox, che abbiamo avuto il piacere di ascoltare dal vivo e che con il loro spettacolo ricreano sicuramente bene l'atmosfera di quegli anni.

Foto sopra e sotto: i Beatbox. I componenti Riccardo Bagnoli *(Paul)*, Guido Cinelli *(George)*, Mauro Sposito *(John)*, Alfio Vitanza *(Ringo)*, costituiscono una delle più famose "Beatles Tribute Band" italiane.

Cap. 38 - Conclusione

Pochi mesi dopo il nostro viaggio a Liverpool, l'8 dicembre 1980, John fu barbaramente assassinato a New York. Fu uno shock tremendo per tutto il mondo. Piansi amaramente, ora davvero i Beatles non esistevano più. Non mi pareva possibile che un genio musicale come lui avesse fatto una simile fine. Durante gli anni '80 ricomprai i loro album e le raccolte preferite in audiocassetta, poi quando uscirono le videocassette comprai qualche documentario musicale. Esistevano tante biografie non autorizzate *(ad es. The Compleat Beatles)*, sia in italiano che in inglese. Ricomprai poi i loro dischi preferiti anche sotto forma di CD, cantando sempre, di continuo, quelle canzoni della mia adolescenza. Quando uscì l'Anthology, George era ancora vivo, e fu "musica" per le mie orecchie e "gioia" per i miei occhi.

A scuola talvolta, dietro richiesta degli alunni, facevo qualche lezione in inglese sui Beatles e Liverpool, e insegnando loro qualche canzone. Parecchie volte accompagnai gruppi di studenti a Londra e nell'Inghilterra del sud, per i loro soggiorni di studio estivi, rimanendo così a contatto con la cultura inglese e musicale delle varie epoche che seguirono, come ad esempio i New Romantics *(Spandau Ballet, Duran Duran, che si ispiravano inizialmente a David Bowie)*, o i gruppi della Dark Wave *(Cure, Joy Division, Dead can Dance, Cocteau wins etc...)*. Quando nel 2001 ci lasciò anche George, piansi tutte le mie lacrime, anche perchè nel giro di un breve periodo avvenivano purtroppo altri lutti, per me, ben più gravi, nella mia famiglia.

Nel 2009 poi uscirono i CD Remastered. Tutti giudicavano quel suono "ripulito" così meraviglioso. Anche a me piaceva, ma posso confessarvi che preferivo l'incerto ed imperfetto "scratching" sound dei miei vinili tutti rigati? Con l'aiuto del web, con mia grande sorpresa, ho trovato fans dei Beatles ancora numerosissimi ed anche ben più giovani di me che apprezzano quelle canzoni appartenenti ad un remoto passato ma per loro nuovissime. Tra i molti un grazie anche all'aiuto del mio amico Maurizio di Roma, bravo musicista ed accanito fan dei Beatles, esperto nell'esecuzione dei loro brani e in strumenti musicali, specialmente chitarre, nonchè collezionista di memorabilia di quell'epoca.

L'ultima mia impresa beatlesiana è stata, qualche anno fa, quella di accostarmi al mondo della musica e delle chitarre. Volevo finalmente riuscire ad accompagnare quelle canzoni che tanto amavo. Mi aiutò un sogno che feci, molto significativo: mi trovavo praticamente sul set di uno dei giardini nell'Anthology, e chiacchieravo amabilmente coi tre Beatles superstiti, che ad un certo punto si misero a suonare ed io pure suonavo e cantavo con loro! Praticamente allora il mio inconscio mi suggeriva qual'era in realtà il mio grande desiderio? Ho iniziato così a cercare di imparare a suonare una chitarra classica e dopo un anno sono passata all'acustica, documentandomi nel frattempo sui vari modelli elettrici, acustici ed elettroacustici, amplificatori, modi di registrare con scheda audio e PC, entrando in un un mondo a me totalmente sconosciuto. Ho imparato i modelli e le sigle delle chitarre dei Beatles, scoprendo che esistono repliche perfette per gli amanti del genere. Recentemente ho pure acquistato la chitarra semiacustica "Epiphone Casino" replica di quella di John suonata anche nel "Roof Top Concert". Imparando a suonare, scoprii però che le canzoni di quell'epoca erano tutte di esecuzione abbastanza facile, tranne proprio quelle dei Beatles. Difficili le armonie, piuttosto complesse, con cambi continui di tempi e di accordi. Che grande emozione però è stata riuscire ad eseguire e cantare qualche loro brano e registrarlo. Mi sembrava in qualche modo di "entrare nella canzone", riscoprire tutto, ma dall'interno, non da semplice spettatrice!

Però sto ancora studiando... non si finisce mai di imparare e bisogna farlo, se si vuole mantenere intatta quella carica vitale della gioventù che rimane, in fondo, anche se sepolta dalle vicissitudini della nostra esistenza.

Così vedete, i Favolosi Beatles sono stati il filo conduttore di tutta la mia vita, dai 13 anni fino ad oggi, invogliandomi poi, anche con l'aiuto del mio compagno, ad imparare l'uso del computer e ad esplorare il mondo degli strumenti musicali... e dintorni.

Le date Beatlesiane più significative

Data	Chi	Evento	Luogo
7 luglio 1940	Ringo Starr	nascita in casa al 9 Madryn street.	Liverpool
9 ottobre 1940	John Lennon	nascita al Liverpool Maternity Hospital	Liverpool
18 giugno 1942	Paul McCartney	nasce al Walton H.	Liverpool
25 febbraio 1943	George Harrison	nascita in casa al 12 Arnold Grove	Liverpool
7/8/1957...3/8/1963	Quarrymen/Beatles	Concerti al Cavern	Liverpool
1958	Beatles	1a formazione: Lennon, Mc Cartney, Harrison, Best, Sutclifffe.	Liverpool
1960/1961/1962	Beatles	Concerti in Germania	Amburgo
11 gennaio 1963	Beatles	Esce "Please Please Me" 1o successo	Londra
16 ottobre 1965	Beatles	Ricevono on. "MBE"	Londra
Novembre 1963	John Lennon	Pronunciò la sua famosa frase: "... fate tintinnare i vostri gioielli"	Prince of Wales Theatre di Londra
24 giugno 1965	Beatles	Concerto in Italia	Milano V. Vigorelli
26 giugno 1965	Beatles	Concerto in Italia	Genova Palasport
27/28 giugno 1965	Beatles	Concerti in Italia	Roma T. Adriano
1967	Beatles	Esce "Sgt. Peppers Lonely Hearts Club Band", considerato il più importante della storia del rock	
8 agosto 1969	Beatles	Foto *(Iain McMillan)* dell'attraversamento pedonale e copertina del disco "Abbey Road".	Londra
1969	Beatles	Esce "Abbey Road", l'ultimo disco	Londra
1970	Beatles	Esce "Let It Be", album postumo.	Londra
30 gennaio 1969	Beatles	"Roof Top Concert", l'ultima performance pubblica.	Apple Records, Londra
8 dicembre 1980	John Lennon	Decesso (assassinio)	New York (USA)
29 novembre 2001	George Harrison	Decesso per malattia	Los Angeles (USA)

Bibliografia

AA.VV. "Top music 77", Arcana editrice, Roma, 1977

Riccardo Bertoncelli, "Pop Story", Arcana Editrice, Roma, 1973

Vic Garbarini, Brian Cullman, Barbara Graustark "Strawberry fields forever: John Lennon Remembered", Bantham books Inc., New York, 1967

Glenn Gass, "The Beatles Liverpool and London Tour"

Jerry Hopkins, Daniel Sugerman, "Nessuno uscirà vivo di qui Jm Morrison and the Doors", Gammalibri, Milano, 1981

Julia Baird, "Imagine this, Io e mio fratello John Lennon", Giulio Perrone ed., 2008, Roma

Chris Ingham, "Beatles, guida completa, Antonio Vallardi editore, Milano, 2003

Walter Mauro, "La musica americana dal song al rock", Newton Compton, Roma, 1994

Marco Pastonesi, "Beatles", Gammalibri, Milano, 1980

Claudio Quarantotto, "Dizionario della musica Rock e Pop", Newton Compton, Roma, 1994

Anthony Scaduto, "Mick Jagger", Granada Publishing lt., St. Albans, 1975

Pier Tacchini, "I grandi della musica pop", Longanesi&C, Milano, 1979

Steve Turner, "Paperback Beatles", Editoriale Olimpia, Firenze, 2006

Allan Williams, William Marshall, "The man who gave the beatles away", Elm Tree Books Limited, London, 1975

Sitografia

www.fondazionedeandre.it
www.cavernclub.org
www.kraftwerk.com
http://www.scaruffi.com
http://www.shelshapiro.com
www.tangerinedream.org
www.thebeatles.com
www.thebeatbox.eu
en.wikipedia.org
it.wikipedia.org

«They're a bunch of long-haired kids. They're nothing. Forget it.»
(«Non sono altro che quattro capelloni. Non valgono niente. Scordateli»)

Questo disse Dave Dexter Jr., produttore della Capitol Records, al suo capo Alan Livingston, che gli chiedeva un'opinione per pubblicare negli Stati Uniti "Please Please Me", "From Me To You" e "She Loves You dei Beatles" nel 1963.

L'hanno dopo atterarrono negli Stati Uniti e lo "invasero".

Il resto è storia.

SOMMARIO PER ORDINE ALFABETICO

Dello stesso Autore

PASSEGGIATE A LEVANTE
Libro fotografico-escursionistico
Fotografie e testi di Enrico Pelos

Una scelta di 45 itinerari tra i molti che ho percorso nella Liguria di Levante e che vanno dalle semplici passeggiate a escursioni più impegnative, per tutte le stagioni. Molti sono percorsi conosciuti e famosi ma sempre belli da (ri)scoprire: Golfo Paradiso, Portofino, Antola, Val d'Aveto, Cinque Terre, Golfo dei Poeti etc. nomi evocativi che meritano di essere conosciuti ed esplorati ma senza fretta, tra il verde dei boschi e l'azzurro del mare e dei laghi e il libro conduce in un viaggio a passo d'uomo alla scoperta del territorio, della natura e del paesaggio. Altri possono essere una scoperta come la cava della Valle Lagorara, l'intero complesso delle fortificazioni di Genova o l'itinerario particolare attraverso la storia con le statue del Cimitero Monumentale di Staglieno di Genova.

192 pagine illustrato con 283 fotografie a colori 46 cartine, pubblicato nel 2011, BLU editore, Torino
ISBN 978-88-7904-116-4

LUNGO LA VIA JULIA AUGUSTA in Liguria
Libro di Ricerca di Viaggio Storico Fotografica Ambientale
Fotografie e testi di Enrico Pelos

Era lungo questo "sentiero" che i romani camminarono per andare verso le Gallie e verso la Spagna. Aspre lotte segnarono il loro passaggio. I Liguri lottavano per la loro storia. Questo testo, le immagini e le foto raccontano di quel passaggio e delle tracce lasciate. Di ciò che è stato tramandato ad oggi. Il libro è completo di molte fotografie e descrizioni del percorso che in alcuni tratti, come quello tra Albenga ed Alassio e a Finale nella Val Ponci è rimasto molto simile all'antico percorso ed è una bella passeggiata tra mare e monti, paesaggio e storia.

96 pagine illustrato con 34 foto a colori 10 cartine pubblicato nel 2007, LULU publishing editore release 6.0 2014 ISBN 978-1-291-74962-5

A TASTE OF ELBA ISLAND Isola d'Elba
Fotografie e testi di Enrico Pelos

Fotografie delle mie giornate di passeggiate e hiking all'Isola d'Elba con con itinerari quasi d'obbligo per ogni escursionista per la visione di paesaggi unici, storia, persone ed emozioni indimenticabili che rimarranno per sempre.

e-Book pubblicato nel 2012, BLURB publishing

www.ingramcontent.com/pod-product-compliance
Lightning Source LLC
LaVergne TN
LVHW052253100826
845147LV00001B/27

* 9 7 8 8 8 9 0 9 7 9 2 0 0 *